T0153741

Berliner Arbeiten zur Erziehungs- und Kulturwissenschaft

Band 9

Herausgegeben von Christoph Wulf
Freie Universität Berlin
Fachbereich Erziehungswissenschaft und
Psychologie
Redaktion: Benjamin Jörissen

Diese Publikation wurde durch einen Druckkostenzuschuss des Fachbereichs Erziehungswissenschaft und Psychologie der Freien Universität Berlin gefördert

Monika Wagner-Willi

Verlaufskurve ,Behinderung'

Gruppendiskussionen
mit Beschäftigten
einer ,Werkstatt für Behinderte'

Logos Verlag, Berlin 2002

Die Deutsche Bibliothek – CIP-Einheitsaufnahme

Wagner-Willi, Monika:
Verlaufskurve „Behinderung" : Gruppendiskussionen mit Beschftigten einer „Werkstatt für Behinderte"/ Monika Wagner-Willi. - Berlin : Logos-Verl., 2002

(Berliner Arbeiten zur Erziehungs- und Kultur-wissenschaft; Bd. 9)
ISBN 3-89722-897-1

Umschlaggestaltung: Lothar Detges, Krefeld

ISBN 3-89722-897-1

Logos Verlag Berlin
Comeniushof, Gubener Str. 47
10243 Berlin
Tel.: +49 030 42 85 10 90
Fax: +49 030 42 85 10 92
INTERNET: http://www.logos-verlag.de

Meinen Eltern

Danksagung

Die vorliegende Untersuchung beruht auf Gruppendiskussionen mit Beschäftigten einer ‚Werkstatt für Behinderte' in Berlin. Bei ihnen möchte ich mich für ihr Vertrauen und ihr Engagement bedanken. Auch den Fachkräften der Institution, die mich in der Erhebungsphase unterstützten, sowie Martin Gruber gilt mein Dank.

Ich hatte die Gelegenheit, meine ersten Textinterpretationen in dem von Ralf Bohnsack geleiteten Projektseminar des Wintersemesters 1997/1998 „Adoleszenz und interkulturelle Kommunikation" vorzustellen. Für wertvolle Hinweise danke ich den Teilnehmern des Seminars.

Für die Unterstützung dieser Arbeit möchte ich herzlich Ralf Bohnsack danken sowie insbesondere für die Lehrjahre qualitativer Forschung, die ich als studentische Mitarbeiterin in dem von ihm geleiteten Forschungsprojekt und in spannenden Seminaren durchlaufen konnte. Sie haben auch diese Untersuchung geprägt.

Hans Eberwein gilt mein Dank für wertvolle Anregungen in bezug auf die pädagogischen Aspekte der Arbeit.

Für konstruktive Kritik und ein stets ‚offenes Ohr' für die neuesten Ereignisse dieser Arbeit danke ich herzlich Anette Reuer.

Berlin, im Dezember 2001
Monika Wagner-Willi

Inhalt

1. Einleitung

Erwachsene, die irgendwann in ihrem Leben, meist in der Kindheit, die soziale Zuschreibung ,geistige Behinderung' erfahren haben, finden in ihrer überwältigenden Mehrzahl bis heute keinen Zugang zum allgemeinen Arbeitsmarkt in Deutschland (vgl. Mühl 1991:32). Ihnen wird, in der Tradition der Sonder-Beschulung, ein Sonder-Arbeitsmarkt zugewiesen: die ,Werkstätten für Behinderte' (WfB). Dort werden sie dauerbeschäftigt und mit psychosozialen Maßnahmen zur ,Persönlichkeitsförderung' bedacht (vgl. a.a.O.; Bischoff/Rathgeber 1987; Füchsle 1988). In dieser Institution sind derzeit ca. 170.000 Personen zu ihrer ,beruflichen' und ,sozialen Rehabilitation' beschäftigt (vgl. BAG/WfB 1997).

In der erziehungswissenschaftlichen Literatur gibt es insbesondere seit den 80er Jahren einen Diskurs über die Ziele, Zielkonflikte und strukturellen Bedingungen der ,Werkstätten für Behinderte', über die ,Arbeits-' und ,Betreuungsangebote' der Institution, über das ,soziale Zusammenleben', den arbeitsrechtlichen Status, die (fehlenden) Mitbestimmungsrechte und die Entlohnung der Beschäftigten, über eine Anpassung an neue Technologien oder eine humanere Gestaltung des Arbeitsplatzes (vgl. Wilken 1985; Dietz 1986; Füchsle 1988; Hahn 1992; Laga/Salig 1993; Zink/Schubert 1994) – viel wird diskutiert und manches angeraten, um die WfB weiterzuentwickeln, zu reformieren. Nur selten werden dabei die Perspektiven derjenigen, die Betroffene dieser beruflichen Rehabilitationsmaßnahmen sind und sein werden, einbezogen: Sonderpädagogische Forschungsarbeiten hierzu sind rar.

Dieses indifferente Übersehen der Erfahrungen und Betrachtungsweisen derjenigen, die die eigentlichen Adressaten der aus
solchen Diskursen hervorgehenden alltagsrelevanten (institutionellen) Maßnahmen sind, ist nicht ein Spezifikum der sonderpädagogischen Einrichtung ‚Werkstätten für Behinderte'. Es ist auch
in anderen sozialen Feldern zu verzeichnen. Diese Indifferenz weist
jedoch hier eine besondere Hartnäckigkeit auf, die den sozialen
und pädagogischen Deutungsmustern geschuldet ist, welche der
Zuschreibung ‚geistige Behinderung' anhaften – eine Zuschreibung, die die Mehrzahl der Beschäftigten erfahren haben (ca. 80%
der Rehabilitanten; daneben erhalten ca. 8% der Beschäftigten das
Etikett ‚Mehrfachbehinderung' und ca. 12% der Beschäftigten das
Etikett ‚psychische Behinderung', vgl. BAG/WfB 1997). So haben
rekonstruktive, textinterpretative Verfahren der empirischen Sozialforschung lange durch die Vorstellung, sogenannten ‚geistig Behinderten' fehle es an entsprechenden geistigen und sprachlichen
Kompetenzen, keine Anwendung auf die solchermaßen Etikettierten gefunden (vgl. Laga 1982).

In der vorliegenden Arbeit geht es um die Rekonstruktion der
gemeinsamen Erfahrungen und Orientierungsmuster von Beschäftigten einer ‚Werkstatt für Behinderte' in Berlin. Im Zentrum stehen dabei ihre handlungsleitenden Orientierungen in bezug auf die
Beschäftigung in der WfB, den *beruflichen Werdegang* sowie die *Bedingungen*, die sie in dieser Institution antreffen. Kontrastierend
hierzu werden die Orientierungen hinsichtlich des nicht institutionell strukturierten, privaten Lebensbereichs *partnerschaftliche Beziehungen* herausgearbeitet. Weiterhin gehe ich der Frage nach,
welche Erfahrungen und Deutungsmuster *sozialer Ausgrenzung* die
Beschäftigten haben – über die Erfahrung einer institutionellen Segregation hinaus. Damit verbunden ist auch eine Analyse des Umgangs der Beschäftigten mit der Zuschreibung ‚Behinderung' bzw.
‚geistige Behinderung'.

Um Zugang zu den milieuspezifischen Gemeinsamkeiten der Orientierungen der WfB-Beschäftigten zu finden, habe ich als methodisches Instrumentarium das *Gruppendiskussionsverfahren* in Verbindung mit der *Methode der dokumentarischen Interpretation* nach Bohnsack (1993:34ff.) gewählt. Diese Methode gehört zu den rekonstruktiven, textinterpretativen Verfahren, die versuchen, den je spezifischen Relevanzsystemen unterschiedlicher sozialer Gruppen Rechnung zu tragen – im Gegensatz zu hypothesenprüfenden, quantitativen Methoden.

Das Gruppendiskussionsverfahren ist bisher auf die soziale Gruppe der als ‚geistig behindert' Etikettierten v.a. aus den oben genannten Gründen nicht angewendet worden. Mit dem Einsatz dieses Verfahrens im Rahmen dieser Arbeit verbinde ich ein weiteres, ein methodisches Erkenntnisinteresse: Mir geht es um die Frage, ob das Gruppendiskussionsverfahren überhaupt ein angemessenes Erhebungsverfahren für den hier interessierenden Personenkreis ist. Können die Beschäftigten den an sie damit gestellten Anforderungen sprachlicher Kommunikations- und wechselseitiger Verstehensleistungen nachkommen? Bietet dieses Gesprächsinstrumentarium ihnen geeignete Möglichkeiten, sich ihrem Relevanzsystem entsprechend mitzuteilen? Diese methodische Frage wird in einer eigenständigen empirischen Analyse – ansatzweise – zu klären versucht.

Zur Gliederung der Arbeit

In Kapitel 2 setze ich mich mit dem für die Sonderpädagogik zentralen Begriff der ‚Behinderung' auseinander. Damit wird gleichzeitig eine Standortbestimmung innerhalb der Erziehungswissenschaft vorgenommen. Die in dieser Untersuchung verwendete Methodik wird in Kapitel 3 dargelegt, gegliedert in: metatheoretische Aspekte, Erhebungs- und Auswertungsverfahren. Dem folgt in Kapitel 4 eine Diskussion zum Einsatz qualitativer Erhebungsbzw. des Gruppendiskussionsverfahrens bei Menschen mit der Zuschreibung ‚geistige Behinderung' und eine methodenbezogene empirische Analyse anhand von Transkriptausschnitten aus den Gruppendiskussionen dieser Untersuchung. Dabei beziehe ich mich auf die von Sacks et al. (1978) erarbeiteten „Organisationsmechanismen konversationeller Interaktion". Die Ergebnisse werden abschließend zusammenfassend diskutiert.

Kapitel 5 enthält eine kurze Zusammenfassung des forschungspraktischen Vorgehens in der Erhebungsphase und eine knappe Einführung in die Institution der WfB. Die zentralen Orientierungen der beiden zur Auswertung herangezogenen Gruppen werden in Kapitel 6 in komparativer Analyse herausgearbeitet. Die Ergebnisse sind in Kapitel 7 zusammengefaßt und werden weitergehend unter dem Aspekt des Umgangs der Beschäftigten mit den Bedingungen der sonderpädagogischen Institution interpretiert. Kapitel 8 schließlich enthält eine Diskussion darüber, in welche pädagogische Richtung die Untersuchungsergebnisse weisen.

Zum Nachvollzug der empirischen Analyse ist exemplarisch die Interpretation einer Passage im Anhang (Kapitel 9) abgedruckt.

2. Zum Diskurs der Sonder- bzw. Integrationspädagogik: vom Begriff der ‚Behinderung‘ zum Paradigma des Fremdverstehens

Der Begriff der ‚Behinderung‘ ist innerhalb der als *Heil-*, *Sonder-* oder *Behindertenpädagogik*[1] benannten ‚speziellen‘ Pädagogik zu einer zentralen Begriffskategorie geworden. Dieser, dem Sozialrecht entlehnte Begriff (Lindmeier 1993:48) ist gleichwohl seit seiner Einführung in die Theoriebildung durch Bleidick Anfang der siebziger Jahre (vgl. Bleidick 1978) umstritten geblieben (vgl. Speck 1987, Lindmeier 1993, Eberwein 1995a, 1995b, Palmowski 1997). Am entschiedensten in Frage gestellt wird diese begriffliche Kategorie durch Vertreter der *Integrationspädagogik*, wie Eberwein, der sowohl den Behinderungsbegriff als auch eine „Sonder-Pädagogik" für überkommen ansieht (Eberwein 1995a)[2].

---

1 Der Begriff der *Heilpädagogik* ist die traditionelle Benennung dieser Fachrichtung, die sich in ihrer ca. 135jährigen Geschichte bis heute gehalten hat. Die in den sechziger Jahren aufgekommene Benennung *Sonder*pädagogik kann als explizite begriffliche Abgrenzung zur Allgemeinen Pädagogik parallel der begrifflichen Abgrenzung der *Sonder*schule zur Regelschule aufgefaßt werden. Die Bezeichnung *Behindertenpädagogik* geht auf Ulrich Bleidick Anfang der siebziger Jahre zurück (vgl. Lindmeier 1993).

2 Entsprechend strebt die Integrationspädagogik zum einen eine soziale Integration der von der Zuschreibung ‚Behinderung‘ Betroffenen in Bereiche an, deren Zugang ihnen bisher verwehrt war. Zum andern zielt sie auf eine wissenschaftliche Reintegration der Fachrichtung in die Allgemeine Pädagogik (vgl. Eberwein 1995b).

Umstritten ist die dem Behinderungsbegriff anhaftende defektologische Perspektive (vgl. Möckel 1973), eine medizinischen
Denkmodellen entstammende Perspektive mit langer Tradition:
Wie Lindmeier darlegt, gehören die ursprünglich medizinischen
Begriffe wie ‚Abnormalität' oder ‚Anomalie' „von Anfang an zum
terminologischen Grundgerüst der sich im 19. Jahrhundert (...)
etablierenden Heilpädagogik" (1993:140). Des weiteren ist der päd-
agogisch-normative Ansatz in Kritik geraten, wie er u.a. bei dem
von Bleidick und Hagemeister vertretenen Modell erkennbar wird,
in dem von ‚Behinderung' als „intervenierende Variable des Erzie-
hungsvorgangs" die Rede ist, die auftrete, „wenn sich der Educan-
dus aufgrund seiner Behinderung (gemeint ist die medizinisch dia-
gnostizierte Behinderung, Anm. M.W.) nicht mit den ‚üblichen'
Mitteln erziehen und unterrichten läßt" (Bleidick/Hagemeister
1992:28, zur Kritik vgl. Speck 1987). Aus dem pädagogischen Ab-
weichungsbegriff wird in diesem Denkmodell eine fachliche Abweichung von der Allgemeinen Pädagogik abgeleitet, in Form einer
Sonder-Pädagogik – ein wiederkehrendes Muster des Versuchs einer wissenschaftlichen Begründung dieser Fachrichtung (zur Kritik vgl. Möckel 1973; Eberwein 1995a, 1995b).

Hinterfragt wird auch der indivdualtheoretische Ansatz, der solchen Begriffsdefinitionen unterliegt, indem ‚Behinderung' als individuelle Verhaltensqualität betrachtet wird, als ein (mitunter gar
diffuses) Konglomerat an Eigenschaften, die auf bestimmte, individuelle Faktoren ursächlich zurückführbar seien. Diese Betrachtungsweise findet ihren Ausdruck insbesondere in der wissenschaftlichen Übernahme der Bezeichnung: ‚Behinderter', die das
Konstrukt ‚Behinderung' nicht nur individualisiert, sondern hinsichtlich der Betreffenden ontologisiert, d.h. zur generellen Seins-
qualität der Person erhebt und damit „eine Besonderheit und Ab-
geschlossenheit vor(täuscht), die es in dieser Weise zunächst gar
nicht gibt" (Möckel 1982:31; vgl. auch Möckel 1973, Thimm 1975;
Eberwein 1995a). Nicht zuletzt in den Studiengängen für
Sonderschullehrer an bundesdeutschen Hochschulen kommt diese

Perspektive zum Ausdruck, wenn das Fach der Sonderpädagogik in: *Geistigbehindertenpädagogik, Körperbehindertenpädagogik* etc. untergliedert ist[3]. Einer solchen Betrachtungsweise ist seit einigen Jahren versucht worden, mit Begriffsvariationen zur Bezeichnung der Adressaten sonderpädagogischer Maßnahmen entgegenzuwirken. Dabei wird ‚Behinderung' als eine unter anderen Eigenschaften markiert, z.B. mit der Bezeichnung ‚Menschen mit Behinderung' (vgl. Jacobs 1994) oder ‚Menschen mit schwerer geistiger Behinderung' (vgl. Hahn 1992). Dabei wird zwar die ontologisierende Perspektive aufgegeben, nicht aber die individualisierende. Unter anderen hat Speck (1987) den Versuch unternommen, den Behinderungsbegriff ganz zu umgehen: Er spricht von ‚Menschen mit speziellen Erziehungsbedürfnissen'. Der von ihm damit postulierte Paradigmenwechsel erweist sich jedoch, wie Lindmeier deutlich macht, als unzutreffend, da auch hier ‚spezielle Erziehungsbedürfnisse' auf individuelle Störungen zurückgeführt werden (Lindmeier 1993:100). Innerhalb der internationalen wissenschaftlichen Diskussion distanziert man sich bereits wieder von dem hierzu adäquaten, gängigen Begriff ‚special educational needs'. Wie Bürli erläutert, wird die Frage gestellt, „(...) ob diese Sonderbedürfnisse überhaupt existieren und befriedigt werden (können), oder ob sie künstlich und immer wieder von uns erzeugt werden" (1991:205).

Während der individualtheoretische Ansatz bis heute umstritten ist, findet eine gewisse Relativierung des Begriffs der ‚Behinderung' im Sinne eines Eingebundenseins in einen sozio-kulturellen Kontext seit den 70er Jahren innerhalb des sonderpädagogischen Diskurses einen breiten Anklang (vgl. Lindmeier 1993:212f.)[4].

---

3   So bspw. an der Humbold-Universität Berlin.

4   Lindmeier spricht davon, daß die *Relativität* dieser Begriffskategorie innerhalb der Sonderpädagogik anerkannt worden sei. Darin kann ich jedoch nicht übereinstimmen, zeigen diesbezügliche Ausführungen (z.B. bei Speck 1987) doch, daß es sich eher um eine gewisse *Relativierung* des Begriffs handelt. Wäre eine Relativität in ihrer grundsätzlichen Bedeutung anerkannt worden, so hätte ein tatsächlicher Paradigmenwechsel – wie er im Folgenden mit Thimm (1975) vorgestellt wird – stattgefunden.

Heese/Solarová beschreiben dies so:

„Das den Behinderten Gemeinsame ist, daß ihnen etwas *fehlt*, worüber die
meisten anderen Menschen verfügen. (...) Etwa die Fähigkeit, sich in einen
sozialen Organismus einzuordnen, sich die Kulturtechniken in der üblichen Zeit und Geläufigkeit anzueignen, sich auf die gewöhnliche Weise zu
bewegen, zu sehen, zu hören, zu sprechen und Sprache zu verstehen (um
nur die wichtigsten dieser Fähigkeiten zu nennen).
Daneben gibt es Leistungsbereiche, deren Ausfall nicht dazu führt, daß die
Umwelt dieses Defizit als Behinderung ansieht. So wird jemand, der nicht
riechen oder schmecken kann, im allgemeinen nicht für behindert gehalten
(...). Behinderung ist also nichts Absolutes und exakt Definierbares, sondern etwas, das der konventionellen Beurteilung unterliegt, und also etwas
Relatives" 1973:27).

‚Behinderung' wird hier als sozial auffällig gewordene Funk-
tionseinschränkung verstanden, der defektologische Begriff von
Behinderung weiterhin aufrechterhalten. Darüber hinaus hat die
Relativierung des Behinderungsbegriffs zu keiner Revision in der
Sonderpädagogik geführt. Thimm weist für die Verwendung dieser
Begriffskategorie in der Sonderpädagogik auf das Fortbestehen eines „In-den-Normen-Denkens" hin und stellt fest, daß sowohl bezüglich der Erforschung der Genese von ‚Behinderung' als auch der
‚Behinderungsfolgen' von „Behinderung als Entität" ausgegangen
wird, deren somatischen, sozialen oder auch gesamtgesell-
schaftlichen Ursachen bzw. Auswirkungen gesucht werden und in
einer immer detaillierteren Ausdifferenzierung von Diagnostik und
Therapie münden, die zu einer Verdinglichung von ‚Behinderung'
sowohl im wissenschaftlichen wie im Alltagsdenken führten
(1975:150ff.). Auch wenn diese Analyse sonderpädagogischer Forschung und der ihr zugrundeliegenden theoretischen Kategorie
‚Behinderung' schon über 20 Jahre zurückliegt, hat sie m.E. nicht
an Aktualität verloren (vgl. z.B. Bach 1985; Speck 1987; Bleidick/
Hagemeister 1992).
    Thimm schlägt unter Bezugnahme auf den Goffmanschen
Stigmabegriff (Goffman 1975) eine „Paradigma-Alternative" vor:

„In Erinnerung an die Feststellung Goffmans: der Normale und der Stigmatisierte sind nicht Personen sondern Perspektiven, diese werden in sozialen Situationen erzeugt; können nun folgende Grundannahmen des neuen Paradigmas, das wir als Stigma-Paradigma bezeichnen wollen, formuliert werden:

1. Behinderung wird nicht als Eigenschaftspotential aufgefaßt, das sich im Verhalten des Behinderten aktualisiert, und das auf bestimmte Faktoren ursächlich zurückführbar ist, sondern als soziale Beziehung. Die statische Beschreibungsebene wird zugunsten einer prozessualen, einer reflexiven Sichtweise aufgegeben, einer Sichtweise, die nicht ‚in' den Normen, sondern ‚über' die Normen denkt (Steinert 1973, 14).

2. Behinderung entsteht aus definierenden Aktivitäten von interagierenden Personen in sozialen Situationen (wenig strukturierte Alltagssituationen, institutionalisierte Interaktionen, Interaktion in Organisationen).

3. Behinderung bekommt in sozialen Situationen eine Bedeutung für die interagierenden Personen. Diese Bedeutung, auf deren Grundlage Interaktion sich vollzieht, unterliegt einem interpretativen Prozeß.

4. Welche Bedeutung sich in Interaktionen durchsetzt als handlungsleitende Situationsdefinition, ist eine Frage der Machtausstattung der Interaktionspartner" (Thimm 1975:154).

Diese, dem *labelling approach*, dem Etikettierungsansatz (vgl. Steinert 1985), zuzuordnende Denkrichtung ist innerhalb der Sonderpädagogik insbesondere in den 70er Jahren zwar zur Kenntnis genommen worden, hat jedoch bisher nur eine untergeordnete Rolle gespielt (vgl. Lindmeier 1993[5]; Cloerkes 1997). Exemplarisch für diese Entwicklung ist m.E., daß Thimm selbst schon 1979 ein „Modell von normativer Wissenschaft" vorschlägt. Dieses will „die Integrierung von normativen Handlungsbegründungen und erfahrungswissenschaftlichen Erkenntnissen in eigener Regie leisten" (1979:174), was als Distanzierung vom nicht-normativen Ansatz gewertet werden kann.

---

5 Lindmeier, der in seiner Dissertation (1993) die unterschiedlichen theoretischen Klärungsversuche des Behinderungsbegriffs einer genaueren Analyse unterzieht, erläutert Thimms Ansatz lediglich im Zuge einer Gegenargumentation gegen Specks Begriffsverständnis (1987). Als eigenständiger Denkansatz innerhalb der Sonderpädagogik wird er kaum berücksichtigt.

Darüber hinaus wird das „Stigma-Paradigma" dort, wo es rezi-
piert wird, meist unter einer stark verkürzenden Perspektive, d.h.
in Verwässerung des ihm zugrundeliegenden wissenschaftlichen
Verständnisses behandelt (vgl. insbesondere Bleidick 1977, Blei-
dick/Hagemeister 1992)[6]. Dieses beinhaltet eine grundsätzlich andere Betrachtung der Theoriebildung bzw. der wissenschaftlichen
Begriffsbildung innerhalb der Erziehungswissenschaft als jene, die
sich in dem selbstläufigen theoretischen Begriffsdiskurs der Sonderpädagogik dokumentiert. Der Behinderungsbegriff wird in einem solchen Verständnis nicht als eine vorab zu definierende Kategorie aufgefaßt, die die Erforschung der pädagogischen Praxis und
deren Adressaten im Vorhinein vorstrukturiert. Sondern der Blick
wird darauf gerichtet, *wie* diese gesellschaftlichen Konstrukte ‚Behinderung' und ‚Behinderte' jeweils in alltäglichen Interaktionen
durch interpretative Prozesse und institutionelle Verfahren in bezug auf solchermaßen etikettierte Personen erst hergestellt werden.
Mit dieser Perspektive ist sowohl eine Abwendung von dem indivi-
dualtheoretischen als auch von dem normativen Ansatz vollzogen,
indem sie sich unter „Einklammerung des Geltungscharakters"
(Mannheim 1980:88) dessen, was ‚Behinderung' ist, auf deren
gesellschaftlichen Herstellungsprozesse bezieht.

In eine ähnliche Richtung, allerdings ein Stück weiter, geht
Eberwein, indem er nicht mehr nur die Frage nach den gesellschaftlichen Herstellungsprozessen von ‚Behinderung' stellt, sondern die „Lebenswelt und das Alltagshandeln" von als ‚behindert'
Etikettierten als zentrale Themen der Sonderpädagogik formuliert:

„Was bedeuten nun diese Erkenntnisse (der qualitativen Sozialforschung,
Anm. M.W.) für das weitere forschungsmethodische Vorgehen sowie für

---

6   So schlägt Bleidick (1977) vor, das dargelegte „Stigma-Paradigma" als interak-
tionistisches Paradigma sowohl mit normativen, ontologisierenden als auch mit sy-
stem- und gesellschaftstheoretischen Ansätzen zu einer vermeintlich übergreifenden Theorie der ‚Behinderung' zu verknüpfen. Daß dieser Versuch einer Quadratur
des Kreises gleichkommt, die nicht gelingen kann, zeigt Bleidick (vermutlich unge-
wollt) selbst – trägt seine Verwendung der Begriffskategorie ‚Behinderung' doch
stark normative Züge.

die Begriffs- und Theoriebildung in der Sonderpädagogik? Theorien zum
Phänomen ‚Behinderung' sind von ‚Nichtbehinderten' entwickelt worden.
Als normativer Hintergrund diente die jeweils eigene Kultur und Lebenswelt sowie eine wissenschaftliche Betrachtungsweise auf der Grundlage von
Forschungsstrategien, die Labortheorien entstammen. Die soziale Welt, die
alltagsweltliche Wirklichkeitskonstruktion des zu Untersuchenden kamen
dabei nur selten in den Blick; so, als sei das Ziel der Sozialforschung nicht
die ‚unverfälschte Erkenntnis der sozialen Wirklichkeit', sondern die möglichst exakte Prüfung von Hypothesen (Gerdes 1979, 4f.)" (Eberwein
1985:102).

Eberwein fordert daher für die Sonderpädagogik – und später die
Integrationspädagogik[7] – m.E. zurecht, daß das „Paradigma des
Fremdverstehens" zur leitenden Maxime in der Forschung wird.
Die entscheidende Bedeutung sieht er „in der qualitativen Rekon-
struktion von Alltagswelten und der in diesen je verschiedenen
Welten enthaltenen subjektiven Erfahrungen" der sozialen Rand-
gruppen, die die Adressaten sonderpädagogischer Maßnahmen
darstellen. Konsequenterweise plädiert er für eine Zusammenarbeit
mit Disziplinen, „die diesbezüglich grundlegende methodologische
Prämissen aufgestellt und bereits bedeutsame Erfahrungswerte ge-
liefert haben" (a.a.O.:100f.). Mit dieser Arbeit möchte ich einen
Beitrag leisten, der genau in diese vorgeschlagene Richtung geht.
    Mit der Wissenssoziologie Mannheims (1964) liegt ein soziolo-
gischer Ansatz vor, der in Verbindung mit dem von Bohnsack insbesondere für Gruppendiskussionen entwickelten Verfahren der
dokumentarischen Methode der Interpretation bereits zu bedeutsa-
men Ergebnissen innerhalb der Erforschung von sozialen Rand-
gruppen führen konnte (vgl. z.B. Bohnsack et al. 1995; Nohl 1996).
Für die empirische Analyse im Rahmen dieser Untersuchung habe
ich daher dieses methodische Instrumentarium gewählt, das ich im
Folgenden vorstellen werde.

---

7 Vgl. Eberweins spätere Kritik am sonderpädagogischen Behinderungsbegriff
bzw. der Sonderpädagogik als Fachrichtung am Anfang des Kapitels.

3. Dokumentarische Interpretation und Gruppendiskussionsverfahren

In der vorliegenden Untersuchung geht es um die Rekonstruktion von gemeinsamen Erfahrungen und Deutungsmustern von Beschäftigten einer ‚Werkstatt für Behinderte'. Dabei steht nicht das individuelle alltägliche Wahrnehmen, Erleben und Verstehen der Erforschten im Zentrum des Interesses, sondern ihre ihnen selbstverständliche Sozialität, ihr Eingebundensein in ein *gemeinsames* Erleben, in eine *gemeinsame* Handlungs- und Deutungspraxis. Einen diesbezüglichen Einblick zu gewinnen, ermöglicht – wie bereits erwähnt – in Verbindung mit dem Gruppendiskussionsverfahren die *dokumentarische Methode der Interpretation* (Bohnsack 1993:34ff.). Ich möchte im Folgenden zunächst kurz auf einige metatheoretische Aspekte dieses Verfahrens eingehen, das sich methodologisch insbesondere auf die Wissenssoziologie Karl Mannheims bezieht, bevor ich mich dem Gruppendiskussionsverfahren sowie der Methodik der dokumentarischen Interpretation zuwende.

3.1 Konjunktiver Erfahrungsraum

Ein soziales Milieu, eine soziale Gruppe oder eine Beziehung zwischen zwei Menschen bildet sich auf der Grundlage eines gemeinsamen Erlebens und Voneinanderwissens der Beteiligten, durch die Geschichte gemeinsamer „Bedeutungs- und Erfahrungzusammenhänge" (Bohnsack 1989:377). Dieser „Erfahrungsraum" einer

Gruppe, einer Beziehung ist sowohl an Kontinuierlichkeit gebunden wie auch fortwährend im Werden begriffen; er ist ein die Beteiligten „verbindender dynamischer Nexus" (Mannheim
1980:214ff.). In einer Erfahrungsgemeinschaft bildet sich, wie
Mannheim erläutert, „konjunktives Erkennen" (ebd.), d.h. ein Erkennen, ein Wissen, das sich – ähnlich dem Erfassen einer Land-
schaft – perspektivisch konstituiert und nicht allgemeingültig ist,
sondern nur für diesen „konjunktiven Erfahrungsraum", nur für
die an ihm existentiell Teilhabenden Geltung besitzt. Das konjunktive Erkennen berührt jedoch nicht einfach nur den Erfahrungsraum selbst, „sondern alle gemeinsamen Erlebnisse, die sich auf
außenweltliche Dinge (Landschaften, Menschen, Politik usw.) beziehen, werden auf diesen Erfahrungsraum bezogen und bekommen auf ihn hin ihre Orientierung" (a.a.O.:14).

Diese These einer existentiellen Verankerung des Denkens in der
Erfahrungsgemeinschaft, einer existentiell gebundenen Perspektivität des Erkennens als eine wesentliche Form menschlichen Denkens ist grundlegend für Mannheims Lehre von der „Seinsverbun-
denheit des Wissens" und metatheoretisch zentral in der dokumentarischen Methode der Interpretation nach Bohnsack. Es ist
das, was Mannheim auch als „Verwurzelung des Denkens im sozialen Raum" bezeichnet. „Diese Verwurzelung wird aber keineswegs
als eine Fehlerquelle betrachtet werden dürfen", vielmehr besitzt sie
gerade „durch diese vitale Bindung eine größere Chance für die zu-
greifende Kraft dieser Denkweise in bestimmten Seinsregionen"
(Mannheim 1952:73). Diese „jeweilige Seinsgebundenheit des
Denkens" (ebd.) wird, wie Bohnsack ergänzt, „weitergehend als
konstitutives Merkmal kollektiven Handelns, kollektiven Bewußt-
seins und kollektiver Identität zu betrachten sein – im Sinne der
aufgrund konjunktiver Erfahrungen sich entwickelnden ‚Kollektivvorstellungen'" (1993:162).

Kollektivvorstellungen sind dementsprechend nicht individuelle
begrifflich-theoretische Abstraktionen. Sie sind zu verstehen als ein
„Sinnzusammenhang, eine Totalität, in der der einzelne seine

Funktion und Rolle hat, das Ganze aber etwas ist, das in seiner Aktualisierbarkeit auf eine Mehrzahl der Individuen angewiesen ist und in diesem Sinne über die Einzelpsyche hinausragt" (Mannheim 1980:232). D.h., die an einem Erfahrungsraum Teilhabenden existieren *in* diesen Kollektivvorstellungen, in diesen „geistigen Realitäten", die „atheroetischen" bzw. „vorreflexiven" (a.a.O.:272) Charakter haben; sie sind ihnen etwas Selbstverständliches. Menschen, die auf diese Weise miteinander verbunden sind, verstehen einander unmittelbar, wohingegen für Außenstehende jener Sinnzusammenhang ihnen als Fremdes, als „Indexikalität" (Garfinkel/Sacks 1976) entgegentritt, das sie sich zunächst nur durch Interpretation, durch theoretisch-begriffliche Explikation erschließen können. So gibt es also „zwei fundamental unterschiedliche Modi der Erfahrung bzw. der Sozialität: die auf unmittelbarem Verstehen basierende ‚konjunktive' Erfahrung und die in wechselseitiger Interpretation sich vollziehende ‚kommunikative' Beziehung" (Bohnsack 1997a:195). D.h., im Gegensatz zur konjunktiven Erfahrung vollzieht sich die *kommunikativ* vermittelte Sozialität auf der Grundlage einer Verständigung von Menschen mit je *unterschiedlicher* Perspektivität bzw. *unterschiedlichen* Standorten.

3.2 Gruppendiskussionsverfahren

Das Gruppendiskussionsverfahren, so wie es in Verbindung mit der dokumentarischen Methode der Interpretation in Anschluß an Werner Mangold (1973) von Bohnsack (1989) weiterentwickelt wurde, bezieht sich auf Gruppen, deren Mitglieder miteinander durch einen gemeinsamen Erfahrungszusammenhang verbunden sind. Es geht darum, ihnen zu ermöglichen, auf dem Wege von (vorreflexiven) Beschreibungen und Erzählungen die ihrem Erfahrungsraum eigenen Kollektivvorstellungen, d.h. die existentiell gebundenen gemeinsamen Bedeutungszusammenhänge und Orientierungen, in Artikulation zu bringen. Methodisch zentral ist hierbei das Bestreben seitens der Forscher, mit ihren Fragen eine

Selbstläufigkeit des Diskurses zu initiieren, d.h. ein „diskursives
Einpendeln auf Erlebnis*zentren*" der Gruppe zu ermöglichen, in
denen sich „der Focus kollektiver Orientierungen" sowie „Bedingungen ihrer Konstitution" dokumentieren (Bohnsack 1997a:200).
Der Diskurs gewinnt dann eine vergleichsweise hohe interaktive
Dichte und wird ganz von dem konjunktiven, perspektivisch gebundenen Erkennen, dem wechselseitigen, vorreflexiven Verstehen
getragen, insbesondere in Beschreibungen und Erzählungen, in denen sich die Orientierungsstruktur „metaphorisch entfaltet"
(Bohnsack 1997b:495). Neben der auf das Forschungsthema bezogenen, möglichst erzählgenerierenden Ausgangsfragestellung (bzw.
den Nachfragen), sind es immanente Fragen, die von der Diskussi-
onsleitung gestellt werden, also solche, die an Themen, die im Diskurs auftauchen, anknüpfen und weitere Selbstläufigkeit anregen
sollen. Die Verteilung der Redebeiträge soll während der Diskussion von der Gruppe selbst strukturiert werden, nicht von den For-
schern, die ihre Fragen möglichst immer an die Gruppe und nicht
an Einzelpersonen richten. Insgesamt sollen die mit den Diskussionsteilnehmern in „kommunikativer" Beziehung stehenden Forscher so weit als möglich in den Hintergrund des Diskurses treten.

3.3 Dokumentarische Methode der
Interpretation

Während es in den auf Tonband aufgezeichneten Gruppendiskussionen darum geht, daß der konjunktive Erfahrungszusammenhang, die kollektiven Sinn- und Orientierungsmuster der Gruppe
im Diskurs Ausdruck finden können, zielt die Textinterpretation
der dokumentarischen Methode auf deren Rekonstruktion[8]. Wie
Mannheim ausführt, „erfassen wir aber beim Verstehen der geistigen Realitäten, die zu einem bestimmten Erfahrungsraum gehören,

---

8 Das Verfahren der dokumentarischen Interpretation kann auch zur Auswertung
von qualitativen Einzelinterviews angewandt werden. Da Interviews in der vorliegenden Arbeit jedoch nicht herangezogen werden, beziehen sich die Ausführungen
nur auf die Gruppendiskussion.

die besonderen existentiell gebundenen Perspektiven nur, wenn wir uns den hinter ihnen stehenden Erlebnisraum oder Erlebniszusammenhang irgendwie erarbeiten" (1980:272). Weiter oben wurde bereits der Unterschied zwischen dem vorreflexiven *Verstehen* im konjunktiven Erfahrungsraum einerseits und dem theoretisch-begrifflichen *Interpretieren* in der kommunikativen Beziehung andererseits herausgestellt. Letzteres charakterisiert die Beziehung zwischen Forscher und Erforschten und verweist auf die wissenschaftliche Verstehensleistung der Interpretation. Mit der dokumentarischen Methode der Interpretation wird der hinter den „existentiell gebundenen Perspektiven" stehende Erlebnis- und Bedeutungszusammenhang in systematisierter Form erarbeitet. Dabei ist die Unterscheidung zwischen „immanentem" und „dokumentarischem Sinngehalt" (Mannheim 1964) von wesentlicher Bedeutung. Bei der Interpretation des *immanenten* Sinngehalts handelt es sich um das Erfassen dessen, *was* die Gruppe mitteilt, im Sinne des Thematisch-Inhaltlichen. Bei der Interpretation des *dokumentarischen* Sinngehalts hingegen geht es darum, was sich im Diskurs über die Gruppe dokumentiert. Die dokumentarische Interpretation wird dabei unter „Einklammerung des Geltungscharakters" (Mannheim) vollzogen, unter Suspendierung normativer Geltungsansprüche. Sie ist genetische Analyse der Handlungspraxis in doppelter Hinsicht: in bezug auf den Diskursprozeß selbst (Diskursorganisation, Dramaturgie) wie auch in bezug auf die atheoretischen Darstellungen erlebter Interaktionsabläufe und Handlungspraxis. Dabei zielt die dokumentarische Interpretation auf die „begrifflich-theoretische Explikation der wechselseitigen (intuitiven) Verstehensleistungen der Erforschten" (Bohnsack 1997b:495), auf die Rekonstruktion der kollektiven Sinn- und Orientierungsmuster bzw. des Erfahrungszusammenhangs.

Arbeitsschritte der Auswertung

Im ersten Arbeitsschritt, der *formulierenden Interpretation,* wird
zunächst ein *thematischer Verlauf* erstellt, in dem sowohl die bear-
beiteten Themen in der zeitlichen Abfolge des Diskurses schriftlich
festgehalten als auch die besonders selbstläufigen Passagen gekennzeichnet werden, um sich einen ersten Überblick über den Diskursverlauf zu verschaffen. Dann werden Passagen ausgewählt, die für
die intensive Textinterpretation herangezogen werden sollen: vor
allem die „Fokussierungsmetapher" (Bohnsack 1989), d.h. die Passage im Diskurs, die sich durch vergleichsweise hohe Selbstläufigkeit, hohe interaktive und metaphorische Dichte und einen hohen
Detaillierungsgrad auszeichnet. Daneben sind es thematisch relevante Passagen, die für die weitere Textinterpretation in Frage
kommen.

Bei diesen, in Transkripten vorliegenden Passagen wird zunächst der immanente Sinngehalt über eine detaillierte *formulie-*
rende Interpretation erschlossen, eine Interpretation, die innerhalb
des Relevanzsystems der Gruppe bleibt. Es wird dabei die thematische Gliederung herausgearbeitet sowie das, was mitgeteilt worden
ist, zusammenfassend formuliert.

Der Arbeitsschritt der *reflektierenden Interpretation* ist die eigentliche dokumentarische Interpretation, die auf die Rekonstruktion und theoretisch-reflexive Explikation des Orientierungsrahmens zielt, innerhalb dessen die Gruppe das jeweilige Thema ab-
handelt und ihre Erfahrungen darlegt.

Bei der reflektierenden Interpretation wird der Prozeßcharakter
der kollektiven Bearbeitung eines Themas berücksichtigt, indem
besonderes Augenmerk auf die Dramaturgie[9] und auf die interaktive Bezugnahme der Beteiligten aufeinander gelegt wird. Es wird die
Formalstruktur der Diskursorganisation herausgearbeitet und mit

---

9   Gibt es innerhalb einer Gruppendiskussion dramaturgische Höhepunkte, so
auch innerhalb einer Passage, insbesondere bei der Fokussierungsmetapher.

Hilfe entsprechender Begrifflichkeiten charakterisiert (Proposition, Elaboration, Konklusion, um die wichtigsten zu nennen)[10].

Die Orientierungsmuster, d.h. die Handlungsentwürfe und -muster, an denen die Gruppen sich orientieren, sind in Beschreibungen und Erzählungen meist eingelagert. Sie werden durch die dokumentarische Interpretation expliziert. Der Orientierungsrahmen ist zunächst durch die „Gegenhorizonte" identifizierbar, d.h. durch positive und negative Vergleichshorizonte, die die Gruppe selbst heranzieht und in deren Spannungsverhältnis sich die Orientierungsfiguren bewegen. Ein negativer Gegenhorizont läßt sich bspw. an einer Abgrenzung der Gruppe von bestimmten Verhaltensmustern erkennen. In bezug auf die Orientierungen interessieren die „Enaktierungpotentiale", d.h. die Möglichkeiten ihrer Umsetzung in Handeln.

„Negativer und positiver Gegenhorizont sowie die Enaktierungspotentiale bilden gleichsam den ‚Rahmen' des Erfahrungsraums der Gruppe. Sie sind die wichtigsten Rahmenkomponenten. Die Orientierungsfiguren sind sozusagen zwischen diesen Rahmenkomponenten ‚aufgespannt'" (Bohnsack 1989:27).

Die zentralen Orientierungen einer Gruppe treten in der Fokussierungsmetapher am deutlichsten hervor, dokumentieren sich jedoch ebenfalls in anderen Passagen, d.h. durchziehen den gesamten Diskurs, in Bearbeitung auch unterschiedlicher Themen. Diese Homologie wird in der Analyse unterschiedlicher Passagen herausgearbeitet.

Wesentliches Prinzip der dokumentarischen Interpretation ist die *komparative Analyse*, die schon bei der reflektierenden Interpreation ansetzt. Ihre wichtigsten Bezugspunkte sind die Rahmenkomponenten, die sich nur dann erfassen lassen, wenn man Vergleichshorizonte heranzieht, die *außerhalb* des Orientierungsrah-

---

10 *Proposition* bezeichnet eine Themeninitiierung, *Elaboration* die Bearbeitung eines Themas bzw. die Entfaltung einer Orientierung (z.B. durch Exemplifizierung oder Differenzierung), *Konklusion* die inhaltliche oder rituelle Beendigung eines Themas (vgl. Bohnsack 1989).

mens der Gruppe liegen[11]. Eine wesentliche Bedeutung erhält dabei
die Komparation mit empirischen Vergleichshorizonten, d.h. mit
Gegenhorizonten anderer, vergleichbarer Gruppen. Diese sollte im
Fortschreiten des Forschungsprozesses die Komparation mit hypothetischen Vergleichshorizonten zunehmend ersetzen. Für den Arbeitsschritt der reflektierenden Interpretation heißt das, daß die jeweilige Passage vor dem Vergleichshorizont thematisch ähnlicher
Passagen von Diskursen vergleichbarer Gruppen interpretiert wird.

Auch der Arbeitsschritt der *Typenbildung* ist in einer komparativen Analyse fundiert. Es „werden Bezüge zwischen spezifischen
Orientierungen einerseits und dem Erlebnishintergrund oder existentiellen Hintergrund, in dem die Genese der Orientierungen zu
suchen ist, anderseits" (Bohnsack 1993:141) herausgearbeitet. Dabei ist fundamentales Prinzip der „Kontrast in der Gemeinsamkeit"
(a.a.O.:144), bezogen auf die unterschiedlichen, einander überla-
gernden Dimensionen von Erfahrungsräumen, die sich z.B. in einer Generations-, Geschlechts-, Entwicklungs- oder Milieutypik
niederschlagen. So können z.B. entwicklungstypische Unterschiede
dort umso deutlicher herausgearbeitet werden, wo die diesbezüglich verglichenen Gruppen einander im Hinblick auf *alle anderen*
Dimensionen gleichen (den entwicklungstypischen Erfahrungsraum also ausgenommen).

In dieser Untersuchung wird auf eine Typenbildung verzichtet,
da hierfür meines Erachtens eine größere Anzahl von Fällen, d.h.
eine ausgedehntere Forschungsarbeit nötig wäre als im Rahmen einer Diplomarbeit zu leisten ist. Gleichwohl wird bei der Auswertung komparativ vorgegangen sowie das Prinzip des Kontrastes in
der Gemeinsamkeit berücksichtigt, um so wesentliche Unterschiede zwischen vergleichbaren Gruppen, vornehmlich auf der Ebene

---

11 Die Komparation wird eigentlich auf unterschiedlichen Ebenen vorgenommen:
a) (atheoretisch) seitens der Gruppe, die in ihren Beschreibungen selbst Vergleiche
heranzieht, b) (reflexiv) seitens des Interpreten, der Vergleiche zwischen einzelnen
Passagen des Diskurses bzw. zwischen einer Passage und dem Gesamtdiskurs an-
stellt, sowie c) (reflexiv) seitens des Interpreten, der rahmenübergreifende, möglichst empirisch fundierte Vergleiche vornimmt.

der kollektiven Orientierungen und Erfahrungen, herauszuarbeiten.

Für den Nachvollzug der Arbeitsschritte der formulierenden und reflektierenden Interpretation ist im Anhang eine exemplarische Auswertung einer Passage nachzulesen.

4. Das Gruppendiskussionsverfahren bei Beschäftigten einer ,Werkstatt für Behinderte'

Wie ich bereits in der Einleitung erläutert habe, bezieht sich mein Forschungsinteresse auch auf die Frage, inwieweit das Gruppendiskussionsverfahren, wie es von Ralf Bohnsack in Verbindung mit dem Auswertungsverfahren der dokumentarischen Interpretation weiterentwickelt wurde (vgl. Bohnsack 1993:108ff.), sich für den Personenkreis der Beschäftigten in ,Werkstätten für Behinderte' (WfB) als Erhebungsverfahren eignet. Ist es ein methodisch angemessenes Instrument, wenn es darum geht, sich den konjunktiven Erfahrungsräumen dieser Menschen zu nähern, und zwar angemessen im Sinne der Anforderungen, die die Erhebungsmethode an die Erforschten stellt bzw. im Sinne ihrer Möglichkeiten, diesen nachzukommen? Oder anders gefragt: Bietet das mit dem Gruppendiskussionsverfahren zur Verfügung stehende Gesprächsinstrumentarium den von mir gewählten Gruppen geeignete Möglichkeiten, sich mitzuteilen?

4.1 Qualitative Forschung bei Personen mit der Zuschreibung ‚geistige Behinderung‘

Ich möchte im Folgenden auf die Entwicklung der qualitativen Erhebungsmethoden im deutschsprachigen Raum eingehen, und zwar in bezug auf Personen mit der Zuschreibung ‚geistige Behinderung‘, zu denen – wie bereits erwähnt – ca. 80% der in den WfB Beschäftigten gezählt werden:

Bis weit in die 80er Jahre hinein, gab es innerhalb der Forschung den Grundkonsens, es fehle Menschen mit sogenannter ‚geistiger Behinderung‘ an geistiger Kompetenz und sprachlichem Ausdrucksvermögen, weshalb „der geistig Behinderte (...) der Prototyp des Nicht-Befragbaren" (Laga 1982:228) sei. Daher konzentrierten sich wissenschaftliche Studien zu ‚geistig Behinderten‘ bei der Erhebung vorwiegend auf Personen, die mit ihnen durch die Alltagspraxis mehr oder weniger vertraut waren. So wurden etwa Erzieher oder Eltern quasi stellvertretend befragt, und dies vornehmlich mit Hilfe standardisierter Verfahren (vgl. z.B. Willand/Schwedes 1980; Schatz et al. 1981). Man versprach sich damit, Aufschluß über die Lebenssituation der „Nicht-Befragbaren" zu erhalten. Dabei wurde jedoch übersehen, daß diese Vorgehensweise nur das Selbstverständnis der sonderpädagogischen Akteure und der Bezugspersonen auf die Forschungssituation selbst überträgt, und zwar das Selbstverständnis, als Stellvertreter die Interessen und Belange von Menschen mit ‚geistiger Behinderung‘ wahrzunehmen und – innerhalb eines bestimmten Normengefüges – ihre handlungspraktische Umsetzung zu ermöglichen bzw. selbst durchzuführen[12]. Erzieher und Familienangehörige wurden also als Experten der All-

---

12 Dazu ein Beispiel, das Laga (1982) berichtet: Bei einer Befragung von Beschäftigten einer WfB waren die Bezugspersonen anwesend, um gegebenenfalls Kommunikationsschwierigkeiten zu überbrücken. „Dabei zeigte sich jedoch, daß die Eltern schon nach kurzer Gesprächsdauer, spätestens jedoch bei einer längeren Pause oder bei weit ausholenden Antworten der Behinderten, so massiv eingriffen und die Gesprächsführung übernahmen, daß auch die Interviewer nicht verhindern konnten, daß hier nicht Interviews *mit*, sondern *über* den Behinderten stattfanden" (Laga 1982:234f.).

tagswirklichkeit der von ihnen Betreuten angesehen, eine bis heute gängige Forschungsperspektive. (Ein Beispiel hierfür bietet die Studie von Wendeler 1992 zur Frage: „Normalisierung und soziale Abhängigkeit" bei „geistiger Behinderung", die entgegen ihrer einleitenden Ankündigung ihre Ergebnisse ausschließlich aus Interviews mit Angehörigen und Erziehern bezieht. Ein weiteres Beispiel liefert die Untersuchung von Seifert 1996 zur „Lebensqualität für Erwachsene mit schwerer geistiger Behinderung in Wohneinrichtungen").

Dort, wo man sich daran wagte, auch die *eigentlich* im Zentrum des Forschungsinteresses stehenden Personen *selbst* zu interviewen, geschah dies ähnlich der Befragung von Eltern, Betreuern oder anderweitig Professionellen zunächst vorwiegend mit Hilfe standardisierter Methoden (vgl. z.B. Schmidt-Thimme 1971; Dober/Hennig 1980; Neuhäuser et al. 1986). Wie Eberwein und Köhler noch 1984 resümieren, zeigt eine „Analyse der seit den siebziger Jahren durchgeführten Forschungsarbeiten im Bereich der Sonderpädagogik (...), daß fast ausschließlich Forschungsmethoden zur Anwendung kamen, die der psychologischen oder klassischen empirischen Sozialforschung entstammen" (1984:375). Mit dem allmählich steigenden Interesse an qualitativer Forschung auch innerhalb der Sonderpädagogik seit den 80er Jahren, kommt es zum einen zunehmend zum Einsatz der Teilnehmenden Beobachtung – als ein Verfahren, sich dem Alltagserleben der Menschen mit sogenannter ‚geistiger Behinderung' durch Beobachtung zu nähern (vgl. z.B. Rüb/Runde 1987; Reisbeck 1992). Zum anderen werden immer häufiger qualitativ orientierte Interviews[13] nicht nur mit den Betreuern und Angehörigen, sondern mit den Betreuten selbst durchgeführt. D.h., letztere werden allmählich *in* die forschungsprakti-

---

13 Die Recherche ergab, daß dort, wo von *biographischen Interviews* oder *narrativen Interviews* die Rede ist, durch den Interviewer vorstrukturierte Befragungen stattfanden, die sich an das leitfadengestützte teilstandardisierte Verfahren anlehnen, siehe z.B. Walter/Hoyler-Herrmann 1987. Mitunter nehmen die Interviewer mit häufigen und zielgerichteten (teils im Ja-nein-Modus gestellten) Nachfragen starke Eingriffe in die Interviewsituation vor, wie beispielsweise Hofmann et al. 1993 oder Friske 1995.

sche Perspektive als ,Experten ihrer selbst' einbezogen (vgl. z.B.
Speck 1982; David/Storm 1985; Walter/Hoyler-Herrmann 1987;
Hofmann et al. 1993; Pixa-Kettner et al. 1995).

Was die Auswertungspraxis allerdings angeht, reicht die Textinterpretation auch bei offenen Verfahren selten[14] über eine formulierende Interpretation hinaus, d.h. verbleibt auf der Ebene des
„immanenten Sinngehalts" (Mannheim 1980). Exemplarisch hierfür sei die Studie zu „Frauen mit geistiger Behinderung" von Friske
genannt, in der folgendes erläutert wird: „Ich habe versucht, nicht
über sie zu schreiben, sondern *von* ihnen, indem ich das, was sie zu
sagen haben, aufschreibe und anderen zugänglich mache. (...) Mir
ging es darum, die Erfahrungen der Frauen und ihre Lebens- und
Erlebniswelten aus ihrer Sicht darzustellen" (1995:18)[15].

Erhält also die individuumbezogene Erhebungsmethode qualitativ orientierter Interviews einen zunehmenden Stellenwert in der
Erforschung der Alltagswelt von Menschen mit sogenannter ,geisti-
ger Behinderung', so läßt sich dies für das Gruppendiskussionsverfahren keinesfalls konstatieren[16]. Diese Erhebungsmethode blieb

14 Eine Ausnahme bildet die Studie von Hofmann et al. (1993), in der weitergehende Interpretationen angeboten werden. Allerdings bewegen sich diese dann
teils auf spekulativer Ebene, d.h., die Autoren befassen sich mit Intentionen und la-
tenten Wünschen der Interviewten.

15 Wie in diesem Zitat zum Ausdruck kommt, ist diese Forschungspraxis, bei der
Darstellung der Sicht der Erforschten stehenzubleiben, auch als Reaktion auf die
bisher dominante Forschungspraxis zu verstehen, in der die Perspektive der Erforschten ganz außer Acht gelassen wird. Es ist eine subjektzentrierte Sicht, die einer
objektivistischen entgegengestellt wird. Eine solche, sich quasi als Sprachrohr ver-
stehende Forschungsperspektive beschränkt sich damit jedoch auf die (methodisch
nicht kontrollierte) Erfassung des subjektiv gemeinten Sinns durch den stand-
ortgebundenen Interpreten. Sie arbeitet nicht den perspektivisch gebundenen Be-
deutungsrahmen und die dahinterliegenden, existentiellen Zusammenhänge heraus.

16 Einer der Gründe dieser Entwicklung mag sein, daß in der sonderpädagogischen
Forschung das *Individuum* entdeckt wurde, nachdem die traditionelle Perspektive
Menschen mit sogenannter ,geistiger Behinderung' eine eigenständige Persönlichkeit und Biographie mehr oder weniger abgesprochen hatte (vgl. Laga 1982:227).
Die Thematisierung eines *Kollektiven* ist in manch fortschrittlichen, sonderpädagogischen Forscherkreisen zunächst anrüchig, da der Begriff des Kollektiven dort weniger im Sinne des konjunktiven Erfahrungsraumes und des Eingebundenseins in
das Soziale gebraucht wird, als vielmehr im Sinne von Phänomenen der Fremdbestimmung und des Identitätsverlustes, wie sie Goffman (1973) für totale Institutionen beschreibt.

weitestgehend unbeachtet, und damit das, was sie in Verbindung mit einem fundierten Auswertungsverfahren, wie der dokumentarischen Interpretation, herauszuarbeiten imstande ist: „jene Erlebnis- und Orientierungsmuster, in die der einzelne fraglos und selbstverständlich eingebunden ist", auf dem Wege „eines erlebnismäßigen Miteinanderverbundenseins im Sinne des konjunktiven Erfahrungsraums" (Bohnsack 1993:124).

Eine Ausnahme in der Beachtung der Methode des Gruppendiskussionsverfahrens bildet die Erörterung durch Laga in einem bereits 1982 verfaßten Aufsatz über „Methodologische und methodische Probleme bei der Befragung geistig Behinderter". Hier diskutiert Laga anhand erster Ergebnisse einer laufenden Studie die Befragbarkeit von Beschäftigten einer ‚Werkstatt für Behinderte' und schließt aus aufgetretenen Schwierigkeiten bei der Durchführung von Leitfaden-, später narrativen Interviews[17], daß „geistig Behinderte und Nicht-Behinderte offenbar in verschiedenen Alltagswelten leben und unterschiedliche Basisregeln der Kommunikation haben"[18]. Er kündigt darum die Verwendung des Gruppendiskussionsverfahrens im weiteren Forschungsverlauf an, „weil es so möglich ist, in einer Kommunikationssituation Daten zu gewinnen, in der Personen (Behinderte) miteinander kommunizieren, die in ähnlichen Alltagswelten mit ähnlichen Kommunikationsregeln leben" (Laga, 1982:237). Abgesehen davon, daß es zu begrüßen ist, wenn das methodische Vorgehen dem Relevanzsystem der Erforschten Rechnung zu tragen bemüht ist, so scheint es doch zu-

---

17 Zu den aufgetretenen Schwierigkeiten wird u.a. folgendes ausgeführt: „Dabei zeigte sich, daß auch leicht geistig Behinderte große Mühe hatten, auf Fragenstimuli knapp und sachlich (sic!) zu reagieren. Sie neigten eher zu weit ausholenden Erzählungen, wobei sie nur teilweise zum Problembereich der Frage Stellung nahmen". Es fragt sich, ob hier nicht an die Erforschten ein ihnen fremdes Relevanzsystem durch die Forscher herangetragen wurde, abgesehen davon, daß die Forderung nach knapper, sachlicher Beantwortung von Fragen methodisch eher an standardisierte, objektivistische Verfahren erinnert.

18 Laga bezieht sich vermutlich auf Garfinkel, der in seiner Analyse der „konstitutiven Merkmale alltagsweltlicher Beschreibungen" von „dramatischen Modifikationen" spricht, die u.a. auftreten bei „Hirnverletzungen, Schwachsinn, akuter Sinnesbeeinträchtigung" (Garfinkel 1973:192).

mindest noch eine Frage zu sein, inwiefern von einer *Leitdifferenz* zwischen „geistig Behinderten" und „Nicht-Behinderten" hinsichtlich der Grundlagen menschlicher Kommunikation („Basisregeln") auszugehen ist. Hinsichtlich dieser Frage bzw. des Gruppendiskussionsverfahrens sind in späteren Veröffentlichungen bei Laga keine weiteren Hinweise zu finden.

Im Folgenden möchte ich anhand einer exemplarischen, gesprächsanalytischen Untersuchung von Auszügen aus dem empirischen Textmaterial von Gruppendiskussionen mit Beschäftigten einer WfB der Frage nachgehen, ob diesem Material jene „Organisationsmechanismen konversationeller Interaktion" (Streeck 1983) zugrunde liegen, wie sie insbesondere durch Sacks et al. (1978) herausgearbeitet wurden, oder ob davon abweichende Strukturierungsmodi eine entscheidende Rolle spielen. Dies soll ein Beitrag zur Klärung der Frage der Verwendbarkeit des Gruppendiskussionsverfahrens als Erhebungsmethode für den Personenkreis der Beschäftigten einer WfB sein. Dies erscheint mir nicht nur für diese empirische Arbeit, sondern auch für die weitere Forschung innerhalb der Sonder- bzw. Integrationspädagogik bedeutsam zu sein, insbesondere wegen der methodologisch unwidersprochen gebliebenen Annahme einer grundlegenden Differenz konversationeller Interaktionen zwischen „Geistig-" und „Nicht-Behinderten".

4.2 Gesprächsanalyse von Auszügen aus den Gruppendiskussionen[19]

Als ich in einem Seminar[20] Transkripte aus Passagen der von mir durchgeführten Gruppendiskussionen mit Beschäftigten einer WfB vorlegte, wurde insbesondere deren Unauffälligkeit bemerkt. D.h., die Transkripte schienen formal wie inhaltlich auf den ersten

---

19 Da diese Frage nicht im Zentrum der Arbeit steht, kann ihre Bearbeitung nur aspekthaft bleiben.

20 Ich hatte die Gelegenheit, Transkripte und Interpretationen von Passagen aus den Gruppendiskussionen in dem von Ralf Bohnsack geleiteten Seminar *Adoleszenz und interkulturelle Kommunikation* vorzustellen (WS97/98).

Blick keine Hinweise darauf zu liefern, daß sie Gruppendiskussionen von Personen mit der Zuschreibung einer ‚(geistigen) Behinderung' entstammen. Als ich jedoch die entsprechenden Passagen mit dem Tonbandgerät abspielte, wurden von den Zuhörern sprachliche Hinweise auf den spezifischen Personenkreis wahrgenommen, d.h. sogenannte „contextualization cues" (Gumperz 1992:48)[21]. Solche Eindrücke sind natürlich interessant, bedürfen jedoch genauerer Klärung. Ich möchte im Folgenden der Frage nachgehen, die Laga bereits 1982 aufwarf, nämlich, ob bzw. inwiefern in bezug auf die Konversation „geistig Behinderte und Nicht-Behinderte (...) unterschiedliche Basisregeln der Kommunikation haben". Dazu werde ich transkribierte Ausschnitte aus zwei Gruppendiskussionen unter dem Aspekt der sich darin dokumentierenden interaktiven Bezugnahme/Nichtbezugnahme untersuchen, und zwar auf der Grundlage der Systematisierung von „Organisationsmechanismen konversationeller Interaktion" (Streeck 1983), wie sie Sacks et al. (1978) herausgearbeitet haben. Hierbei werde ich exemplarisch das System des Sprecherwechsels, des „turn-taking" herausgreifen. Dieses stellt neben der „Organisation von Reparaturen" sowie der „sequentiellen Organisation" (a.a.O.) ein wesentliches Organisationssystem konversationeller Interaktion dar.

Auswahlkriterium der Transkriptausschnitte ist dabei eine innerhalb der Diskussion vergleichsweise hohe interaktive Dichte, in der die Interviewerin als Gesprächsteilnehmerin gänzlich zurücktritt, die Gruppe also (verbal) unter sich interagiert. Des weiteren sollen unterschiedliche Ausschnitte jeweils einer Passage herangezogen werden, um zu verhindern, daß quasi ‚unter der Hand' unreflektierte bzw. nicht explizierte zusätzliche Auswahlkriterien einfließen.

---

21 Ich werde in Kapitel 4.3 auf den Aspekt der *Kontextualisierungshinweise* näher eingehen.

4.2.1 Erläuterung zum System des Sprecherwechsels (Turn-Taking)[22]

Gespräche als interaktive, soziale Ereignisse stellen an die Teilnehmer Anforderungen der Kooperation, insbesondere hinsichtlich
der Organisation, wer wann wie lange sprechen kann. Voraussetzung dafür ist die Beherrschung von Praktiken nicht nur der Übernahme eines Redebeitrages, sondern auch des Zuhörens, das als
solches nicht, wie gemeinhin angenommen, eine passive, sondern
gerade unter dem Aspekt des Turn-Taking[23] eine aktive Teilnahme
am Gespräch darstellt. Dieses Organisationsproblem des Gespräches wird von Sacks et al. (1978) als ein universelles betrachtet. Die
von ihnen erarbeitete Systematik des Turn-Taking erhebt den Anspruch, kontext-freien und kontext-sensitiven Charakter zu haben
(„context-free, context-sensitive status"), d.h., sie soll zugleich von
genereller Gültigkeit sein und die Anpassung an unterschiedliche
Interaktionskontexte ermöglichen.

Die Organisation des Sprecherwechsels beruht auf zwei Komponenten:

1. die Turnkonstruktion („turn-constructional component"),
2. die Turnzuweisung („turn-allocational component").

Als Einheit eines (aus mindestens einer Einheit bestehenden) vollständigen Turns („turn-constructional units") kann ein Satz, eine
Phrase, eine Klausel oder nur ein einziges Wort dienen, also Konstruktionstypen, die von den Hörern jeweils sofort identifiziert
werden können. Bei Abschluß einer – von den Hörern bereits antizipierten – Konstruktionseinheit handelt es sich grundsätzlich immer um eine übergaberelevante Stelle („transition-relevance place"), d.h., das Rederecht des Sprechers steht zur Disposition. Eine
Turnzuweisung erfolgt entweder durch den gegenwärtigen Spre-

---

22 Diese kurze Darstellung nimmt v.a. auf die zusammenfassenden Erläuterungen
in den Aufsätzen von Sacks et al. (1978) und Streeck (1983) Bezug.

23 So gesehen ist die Betonung der Aktivität der Übernahme des Redebeitrags mit
dem Begriff Turn-*Taking* etwas irreleitend.

cher, der den nächsten Sprecher z.b. mit einer adressierten Frage
auswählt („„current speaker selects next' technique"), oder durch
Selbstwahl des nächsten Sprechers („self selection"). Die Auswahl
seitens des gegenwärtigen Sprechers rangiert *vor* der Selbstwahl.
Der über den gegenwärtigen Sprecher gewählte nächste Sprecher
hat allein das Recht bzw. ist sogar verpflichtet, den nächsten Turn
zu übernehmen. Bei Selbstwahl gilt: „first starter has rights", d.h.,
derjenige, der im Bereich einer übergaberelevanten Stelle zuerst
den Turn übernimmt, erhält ihn in der Regel. Da auch gilt: „one
speaker at a time", kommt es bei Überlappungen meist zur Zurücknahme des Turns des „second starters"[24]. Wenn beide Turnzuwei-
sungen nicht vorgenommen werden, erhält der gegenwärtige Sprecher Rederecht für eine weitere Konstruktionseinheit[25]. Die Rede
eines Sprechers über die Länge einer Konstruktionseinheit hinaus
ist somit „das Produkt einer Sprecher-Hörer-Interaktion, insofern
die Hörer auf die Übernahme eines Turns *verzichten*" (Streeck
1983:78).

Die Sprecherordnung wird „turn by turn" organisiert, d.h., sie
variiert meist; jeder Nichtsprecher ist „potential next speaker". In
bestimmten Fällen, z.B. bei Verständnisfragen, kommt es dazu, daß
der letzte Sprecher auch der folgende sein wird (natürlich bei Kon-
versationen zwischen zwei Personen, oft auch bei solchen zwischen
drei Personen).

Ein Turn weist häufig eine Struktur aus drei Teilen auf, was dessen Eingebundensein in einen Interaktionszusammenhang geschuldet ist: Der Anfang des Turns hat einen Bezug zu dem vorhergehenden Turn, der mittlere Teil übernimmt eher die Aufgabe des
gegenwärtigen Turns, und der Abschluß stellt eine Verbindung zu

---

24 Es gibt auch Techniken für „second starters", die das Rederecht sichern, z.B. Verständnisfragen an den Vorredner (Sacks et al. 1978:32f.).

25 Neben sprachlichen Praktiken der Turnzuweisung spielen selbstverständlich
auch nonverbale eine bedeutsame Rolle. Diese können im Rahmen dieser Arbeit
nicht untersucht werden. Die Frage, wie verbale und nonverbale Techniken ineinan-
dergreifen, könnte jedoch eine eigenständige Forschungsarbeit unter zusätzlicher
Einbeziehung von Videoaufnahmen motivieren.

dem nachfolgenden Turn her. Sätze als Konstruktionseinheiten des Turns können mitunter erhebliche Expandierungen aufweisen, und zwar *vor* dem erstmöglichen Abschluß des Turns („first possible completion places"). Verbale Techniken zur Übernahme eines Turns („turn-entry techniques") können Partikel sein, wie „eh", „also", „na", „aber", solche zum Verlassen des Turns („turn-exit techniques") z.B. „wa?", „gell?", „verstehst du?" usw. Letzteres kann auch als Turnzuweisungstechnik fungieren, als sogenannte „tag questions", die *nach* der übergaberelevanten Stelle stehen und eine Paarsequenz (z.B. Frage-Antwort) provozieren.

Die Gesprächsteilnehmer teilen einander wechselseitig über den eigenen Turn ihre Deutung der Inhalte der anderen Turns mit:

„(...) it is a systematic consequence of the turn-taking organization of conversation that it obliges its participants to display to each other, in a turn's talk, their understanding of other turns' talk" (Sacks et al. 1978:44).

Gleichzeitig ist ein Turn auf die jeweiligen Empfänger zugeschnitten („recipient design"), indem er bspw. semantisch an das Kontextwissen der Hörer/des Hörers anknüpft oder Korrekturen zum besseren Verständnis anbringt. Unterschiedliche Mechanismen stehen dem Turn-Taking-System zur Verfügung, um Mißverständnissen, Störungen in der Sprecherfolge und anderen Schwierigkeiten nicht nur vorzubeugen (z.B. durch die Regel „first speaker has rights" oder die offene Sprecherfolge: „turn by turn"), sondern auch gegebenenfalls zu „reparieren" („Reparaturmechanismen"). Dazu zählen Nachfragen wie: „Wer, ich?" oder der Gebrauch von Unterbrechungsmarkierern wie: „Entschuldige, aber", wie auch Wiederholungen von Teilen eines Turns, die durch Überlappung schwer verständlich waren und anderes mehr.

Der „letztendlich produzierte Satz kommt so als Produkt eines dynamischen Interaktionsprozesses zwischen Sprecher und Hörer zustande, die wechselseitig den Redeturn konstruieren" (Goodwin 1979:112; zit. n. Streeck 1983:81).

4.2.2 Regelorientiertes Turn-Taking?

Auszüge aus der Gruppendiskussion der
Gruppe Risiko[26]

Im Folgenden werden zunächst drei Ausschnitte aus der Fokussie-
rungspassage *Arbeit* der Gruppe *Risiko*, einer Gruppe mit vier
männlichen Erwachsenen, vorgestellt. Am, Cm und Dm verbindet
eine mehrjährige gemeinsame WfB-Geschichte, während Bm zur
Zeit der Gruppendiskussion erst seit ca. 3 Monaten in der gemeinsamen Arbeitsgruppe tätig ist (weiteres zur Gruppe: vgl. Kapitel 6).
In bezug auf den Diskurs ist interessant, daß Bm in den Passagen,
die eine hohe interaktive Dichte (d.h. formal einen gesteigerten
Sprecherwechsel) unter Beteiligung von mindestens drei Personen
(ohne Interviewerin) aufweisen, nie auftaucht. Dies ist als erster
Hinweis in der Frage, inwiefern die Gruppe sich innerhalb eines
gemeinsam geteilten Orientierungsrahmens bewegt, ernstzuneh-
men und wird mit der dokumentarischen Interpretation (Kapitel
6) näher zu beleuchten sein.

Bei der Formalanalyse der Auszüge aus den Gruppendiskussionen werde ich den Interaktionsverlauf im Hinblick auf das Turn-
Taking und die Turnkonstruktion sowie die Relevanz bzw. mögliche Irrelevanz der oben beschriebenen Organisationsstrukturen
für die Gruppe versuchen nachzuzeichnen.

Vorweg einige Hinweise zum Transkriptionssystem:

L	Sprecherwechsel oder Beginn einer Überlappung
(.)	Pause unter einer Sekunde
(2)	Pause von zwei Sekunden
, ?	schwach bzw. stark steigende Intonation
; .	schwach bzw. stark sinkende Intonation
( )	unverständl. Äußerung, Klammerlänge entspricht der Dauer

---

26 Die Namen der Gruppen sind Phantasienamen zur Unterscheidung der Gruppen in der Analyse.

(ick)	Unsicherheit bei der Transkription
((lacht))	Anmerkungen zu parasprachlichen, nichtverbalen oder gesprächsexternen Ereignissen
Höl-	Abbruch
jaaa	Dehnung, Anzahl Vokale entspricht Dehnungslänge
ja-ja	Zusammenziehung
<u>ja</u>	Betonung
JA	laute Aussprache
@ja@	lachend gesprochen

Maskierung:

Die Namen der Sprecher werden mit alphabetischen Großbuchstaben maskiert, dabei wird durch m=männlich und w=weiblich die Geschlechtszugehörigkeit gekennzeichnet. Im Folgenden werden die Diskursteilnehmer mit den alphabetischen Kürzeln Am, Bm, Cm und Dm gekennzeichnet.[27] Die Diskussionsleiterin erhält den Buchstaben Y. Namen von im Diskurs genannten Personen werden entweder mit den alphabetischen Kürzeln oder mit Phantasienamen ersetzt. Das gleiche gilt für Orte und Institutionen. Straßen werden mit Großbuchstaben abgekürzt.

Gruppe *Risiko*, Passage *Arbeit*, Ausschnitt 1 (184-225)

```
184  Am:   (1) det is et denn. (3)
185
186  Cm:                  ⌊ Joo eh
187
188  Am:                      ⌊ Nur ick kann 1- leider als
189        Rollstuhlfahrer nich viel Arbeit machen weil (3) die meiste
190        Arbeit muß im Stehen jemacht werden und da ick ja sitze un-
191        (1) ne gewisse Höhe kann ich nich viel Arbeiten machen.
192
193  Dm:                                          ⌊ So wie
194        Abladen (.) det Holz abladen kannst de ooch nich (.) vom
195
196  Am:                                      ⌊ pphh
197
198  Dm:   Laster
199
200  Am:      ⌊ enn kommt druff an wat druff is. (.) Könnt
201
```

---

27 Die alphabetischen Kürzel *Am, Bm* etc. sind eine für die Transkription verwendete Vereinfachung der Bezeichnung der einzelnen Sprecher. Sie wird von mir sowohl in der Analyse dieses Kapitels als auch in der komparativen Analyse aus Gründen der Übersichtlichkeit übernommen. Da es bei den Gruppendiskussionen weniger um individuelle als vielmehr um kollektive Orientierungen geht, sehe ich diese formale Benennung als vertretbar an.

```
202  Dm:                                    L (Na)
203
204  Am:    ick schon. (.) Kommt druff an wat
205
206  Dm:                 L (Gloob ick nich) wenn diesen schweren Bohlen
207         da sind
208
209  Am:              L also Bohlen bestimmt nicht aber (.) andere Hölzer
210         könnt ick bestimmt abladen.
211
212  Dm:                                L Jo (.) vielleicht hier diese
213
214  Am:                                          L Also det
215         müßten wer halt ma ausprobiern. (.) Aber (1) det könnt ick (.)
216         bestimmt. (4) Aber es ko- es kommt halt immer druf drauf an
217
218  Cm:             L Ja eh s- em na
219
220  Am:    wat bestellt worden is (.) und wat druff is.
221
222  Dm:                             L (vielleicht Höl-) die Kanthölzer oder
223         (die kleinen      )
224
225  Am:    L Aber (.) det muß ja nich sein.
```

Der erste Turn dieses Ausschnitts (184) ist ein Abschlußmarkierer
einer längeren Ausführung von Am. Die sich anschließende Pause
von 3 Sekunden erscheint verhältnismäßig lang, erreicht jedoch
nicht die Qualität eines „lapse" (Erlöschen des Gesprächs), da Cm
die Übernahme eines Turns durch Selbstwahl mit dafür zur Verfügung stehenden Partikeln: „Joo" und „eh" (186) anzeigt. Solche
„turn-entry techniques" oder Turn-Einstiegstechniken „verdanken
sich der Bedingung, daß den Turn erhält, wer zuerst beginnt, und
demonstrieren, daß sich ihr Benutzer an dieser Bedingung orientiert" (Streeck 1983:80). Eine weitere Selbstwahl erfolgt, nun von
Am, der als „second starter" auf den ersten Blick entgegen der Regel „first starter has rights" den Turn erhält, während Cm den seinen kaum begonnen hat. Da die Turn-Einstiegstechniken lediglich
„den minimal hinreichenden ‚Bedingungen für den Beginn' (Sacks
et al. 1978:32) genügen müssen, verlangen sie von ihrem Benutzer
noch keinen ausgearbeiteten Konstruktionsplan für seinen so be-
gonnenen Turn" (Streeck 1983:80). Zu beachten ist hierbei, daß
keine Überlappung der Turns von Cm und Am stattfindet, was den

Schluß nahelegt, daß Cm den seinen auch noch nicht ausgearbeitet hat, während Am nach kurzer Pause („gap") ihm darin zuvor kommt und, was die Konstruktion anbelangt, „first starter" des Turns wird. Die Turn-Einstiegstechnik, die Am wählt: „Nur" stellt einen Bezug zu dessen vorangegangenen Turn her, indem sie eine Einschränkung der darin enthaltenen Aussage signalisiert. Der folgende Turn erscheint somit als Fortsetzung, als eine Expansion des vorhergehenden (184), was dem damit verbundenen Abbruch des Turns von Cm den Charakter einer Störung nimmt. Der nun folgende Turn von Am, der eigentlich in Zeile 189 beendet sein könnte („first possible completion place"), wird erweitert durch die Begründungseinleitung: „weil", die den Anspruch auf das weitere Rederecht anzeigt, weshalb die folgende Pause von 3 Sekunden keine übergaberelevante Stelle darstellt. Das gleiche gilt für die Pause, die im Mittelfeld des folgenden Turns (190/191) zu erkennen ist. Nach einer der Anfangsformulierung gleichenden Beendigung des Turns löst Dm nach nur kurzem Moment („gap") Am ab, wieder indem er deutlich auf das vorher Gesagte von Am Bezug nimmt bzw. dieses fortführt: „So wie". Die erste übergaberelevante Stelle wäre hier nach der Angabe des Beispiels bereits zu verzeichnen (194, erstes Pausenzeichen). Es erfolgt keine Turnzuweisung durch Dm und keine Selbstwahl seitens der anderen Gesprächsteilnehmer. Dm fährt fort, das Beispiel näher zu erläutern, zu einem eigenständigen Satz auszubauen. Das von Am geäußerte „pphh" mag in Form einer parasprachlichen (antithetischen) Äußerung ebenfalls eine Turn-Einstiegstechnik sein; sie tritt an der nächsten übergaberelevanten Stelle auf (194, zweite Pause). Nach einer kurzen Überlappung und Beendigung des Turns von Dm fällt der nächste Turn erneut Am zu, wiederum eingeleitet mit einem Partikel („ennn").

Die folgenden Sprecherwechsel sind relativ dicht mit zeitweiligen Überlappungen, wobei Dm und Am wechselseitig mit Hilfe des Gebrauchs einleitender Partikel wie: „Na" (202), „Also" (209/214), „Jo" (212) oder „Aber" (225) den Anspruch auf den nächsten

Turn anzeigen. Ebenfalls wechselseitig stellen Am und Dm zugunsten des anderen in der jeweiligen Situation bereits begonnene Sätze zurück (womit sie die Regel: „one speaker at a time" bzw. eine ‚Reparatur‘ vollziehen), die sie später wieder aufgreifen (siehe 204-216/220 oder 212-222/223). D.h., die Störung, den eigenen Turn abzubrechen, wird durch die einvernehmliche Handhabung der Basisregel des Sprecherwechsels „turn by turn" aufgelöst. Das Turn-Taking findet in den meisten Fällen an übergaberelevanten Stellen statt, d.h. unmittelbar nach Abschluß einer Turneinheit (vgl. Übernahme 196/200/202/206/209/212/218/222). Dabei gilt, wie die gleichzeitige Überlappung von Ams Turn bei der Turnübernahme in Zeile 206 durch Dm verdeutlicht, vornehmlich die Regel: „First speaker has rights" (siehe auch 220/222).

Während zu Anfang dieses Gesprächsausschnitts Am die Erläuterung zu Art und Umfang der Arbeitsaufgaben offensichtlich an die unwissende Interviewerin adressiert, entspannt sich in der Folge eine Diskussion *zwischen* Am und Dm, die an das wechselseitig vorausgesetzte und jeweils bestätigte Kontextwissen anknüpft. D.h., die Adressaten sind jeweils Am / Dm, die einander auch verbal das Zuhören demonstrieren. Die Interviewerin, die in dieser Gesprächsphase auch keine Markierer des aktiven Zuhörens („mhm") von sich gibt, tritt vollständig in den Hintergrund. Cm versucht erneut in Zeile 220 an übergaberelevanter Stelle durch Selbstwahl das Rederecht für sich in Anspruch zu nehmen, indem er wieder die Turn-Einstiegstechnik des Gebrauchs einleitender Partikel anwendet, hier in mehrfacher Aneinanderreihung („Ja", „eh", „em", „na"), die in dieser Häufung etwas ungewöhnlich anmutet. Daß Cm damit den Turn schließlich doch nicht übernimmt, hat eine Parallele zu obigem Aushandlungsprozeß. Offensichtlich ist auch hier der Turnkonstruktionsplan noch nicht ausgearbeitet, wie es an dieser Stelle ja auch nicht erforderlich ist. Auch hier übernimmt Am den Turn in unmittelbarem Anschluß an Cms „turn-entry technique", ohne Überlappung mit diesem (siehe die Pause von 4 Sekunden), mit dem Einstiegspartikel „Aber" (216), der er-

neut einen Bezug zu dem vorherigen Turn herstellt. Die mehrmalige Zurücknahme der Inanspruchnahme des Rederechts zugunsten
Am ließe sich als Hinweis auf eine interaktive Ausschließung von
Cm aus der Konversation deuten. Tatsächlich besteht in Konversa-
tionen von drei und mehr Personen eine gewisse Verteilungsten-
denz beim Sprecherwechsel:

„The ‚last as next' bias, however, remains invariant over increases in the
number of parties, and with each additional increment in number of parties tends to progressively concentrate the distribution of turns among a
subset of the potential next speakers. With three parties, one might be ‚left
out' were the bias to operate stringently; with four parties, two would be
‚left out', and so on" (Sacks et al. 1978:23).

Es wird zu beachten sein, wie es sich mit Cms Konversations-
beteiligung im Folgenden verhält (auf Bms Nichtbeteiligung wurde
oben schon eingegangen).

Gruppe *Risiko*, Passage *Arbeit*, Ausschnitt 2 (250-262)

```
250  Cm:    immer auf. Aber was ich nich mache is (.) is mit Abladen die
251         schweren sch- die schweren Holzplatten. Die sind für mich zu
252
253  Dm:                                                        ⌊ Ja
254
255  Cm:    schwer mit meinem Arm da muß ich (.) jaa (.) wie zum Beispiel
256
257  Dm:                                        ⌊ stimmt.
258
259  Cm:    Ihr seid ja kräftiger (.) wie hier (Geräusch) Anton Bartsch
260         ehh Fritz Goltz und ehhh (1) wer warn noch (1) Ulli Goltz war
261         ja auch ma oben in Holz und er (.) er hatte (.) er war
262         kräftig; des warn Kräftige (.) immer.
```

Dieser Ausschnitt schließt an eine längere Erläuterung Cms an, der
mittlerweile das Rederecht enaktiert hat. Der erste Turn dieses Aus-
schnittes beginnt mit „Aber", womit einschränkend Bezug auf das
Vorangegangene genommen wird. Eine erste Pause (.) wird mitten
im Turn eingelegt, sie markiert also keine übergaberelevante Stelle.
Der Satz expandiert, zum einen mit der genaueren Bestimmung,
was mit dem Abladen gemeint ist, zum andern mit der Wiederho-

lung/Korrektur in Zeile 251. Der Adressat ist offensichtlich die Interviewerin, die darüber aufgeklärt wird, welche Arbeiten Cm warum nicht machen kann. Während der folgenden Turneinheit, noch bevor die eigentliche Aussage gemacht wird, bestätigt Dm mit „Ja" (253) und verdeutlicht somit die auf Kontextwissen beruhende Antizipation dessen, was Cm im Folgenden sagen wird. Er demonstriert damit auch, daß er aufmerksam zuhört. Diese Turneinheit wird von Cm durch eine genauere Erläuterung erweitert. Die nun folgende Turneinheit weist zunächst ein ähnliches interaktives Muster auf: Dm bestätigt mit „stimmt" (257) eine Aussage, die gerade erst in Begriff ist, geäußert zu werden (nach „da muß ich", 255), antizipiert diese offensichtlich erneut, wie er damit auch sein Zuhören erneut demonstriert. In Bezugnahme auf die vorwegnehmende Bestätigung durch Dm geht Cm darauf seinerseits bestätigend ein: „jaa" (255) und beginnt damit eine *neue* Turneinheit. D.h., die vorgängige Turneinheit wird mit Berücksichtigung der Antizipation durch Dm bzw. des gemeinsamen Kontextwissens abgebrochen, womit auch der Adressatenwechsel (von Interviewerin zu Dm) deutlich wird. Im Folgenden konstruiert Cm einen wiederum expandierenden Satz, den er nun („Ihr seid ja kräftiger", 259) deutlich an Dm bzw. die Gruppe adressiert. Dies ist als interaktive Bezugnahme auf Dms Demonstration seines Zuhörens zu verstehen, wobei diese Formulierung durch das „ja" die Feststellung als bekannte markiert, d.h. an das gemeinsame Kontextwissen anschließt. Die aufeinander folgenden Einschübe: „ehh (...) ehhh (1)" (260) und „wer warn noch" (260) machen den Zuhörern deutlich, daß Cm eine Gedankenpause braucht bzw. stellen selbst eine Überbrückung der Gedankenpause dar, die ansonsten möglicherweise durch einen Turnwechsel durch Selbstwahl – es handelt sich um übergaberelevante Stellen (jeweils nach den ersten beiden Namensnennungen) – genutzt werden könnte[28]. Diese Hinweise sind also ebenfalls an den interaktiven Charakter der Situation gebunden.

---

28 Diese Äußerung läßt sich gleichzeitig auch als Appell an die Gruppe deuten, bei der Namenssuche zu helfen.

Insgesamt wird an diesem Ausschnitt das „recipient design" des Turns deutlich, der Konstruktionsveränderungen aufgrund der Sprecher-Zuhörer-Interaktion aufweist wie auch wechselseitige Demonstrationen gemeinsamen Kontextwissens. Darüber hinaus ist die Positionierung der Pausen recht interessant, die häufig *mitten* in Turneinheiten auftreten (250/255/260/261). Dies könnte eine Technik darstellen, sich das Rederecht über die jeweilige Turneinheit hinaus zu sichern (indem die Pausen quasi aus den übergaberelevanten Stellen verlagert werden)[29].

Gruppe *Risiko*, Passage *Arbeit*, Ausschnitt 3 (272-301)

```
272  Cm:   Tür aufhalten und ehh (1) des mache ich immer. Ich des mach
273        ich auch immer. (1) Des is die leichte wenn Tür aufhalten oder
274
275  Dm:                  ∟ Nur leichte Arbeiten.
276
277  Cm:   em (1) wenn einer was rausbringt (.) dann
278
279  Am:          ∟ Ob-             ∟ obwohl manchmal häl- hältst du
280        dich aber och nich dran. Dann machst du ooch diesen kk- kk-
281
282  Cm:                                                   ∟ Ich
283        knack manchma jaa en bißchen jaa aber Am ich (.) helf aber
284        auch nur euch immer und (1) helf dir manchmal oder Dm helf ich
285
286  Am:      ∟ Ja ∟ klar.
287
288  Cm:   mal
289
290  Am:      ∟ Ja wenn ick Hilfe brauche (.) denn (.) ruf ick eben denn (.)
291
292  Cm:                            ∟ denn helf ick genau (.)
293
294  Am:   dich oder (.) Udo oder eben nach- eben nachdem wer da iss. wer
295
296  Cm:   denn helf-        ∟ ja          ∟ ja          ∟ det
297
298  Am:   fr- wer frei iss.
299
300  Cm:        ∟ machen wer schon. (1) Alles klar denn machen wer des
301        immer so und ich helf- (.) ich helfe jedem immer.
```

---

29 Eine Feintranskription, die Pausenlängen differenzierter erfaßt, könnte in Verbindung mit einem Vergleich von Pausen in Sprecherwechsel-Situationen bzw. Pausen in längeren Redebeiträgen möglicherweise Aufschluß in dieser Frage bringen, welche hier jedoch nicht weiter behandelt werden kann.

Der ersten Turneinheit von Cm in diesem Ausschnitt ging dessen
Erläuterung voraus, welche Arbeiten für ihn zu schwer seien und
welche er stattdessen übernimmt. Diese Turneinheit schließt die
Erklärung ab. Die zweite Turneinheit enthält eine Korrektur: Cm
beginnt mit „Ich", bricht die Konstruktion ab und wiederholt fast
wortgleich die vorige Turneinheit. Streeck führt unter Bezugnahme
auf Goodwin (1979) folgendes aus: „(...) der Sprecher eliziert mit
Hilfe von Lautdehnungen und Phrasenabbrüchen den Blickkontakt eines Anwesenden, verschafft seiner Äußerung einen Zuhörer,
die Hörer demonstrieren ihre Rezeption der Äußerung durch
Blickkontakt mit dem Sprecher bzw. legen ihre Hörerrolle demon-
strativ ab, indem sie den Blick abwenden, und der Sprecher modifiziert im Vollzug der Realisierung seines Turns dessen semantischen
Gehalt so, daß er jeweils für den momentanen Zuhörer geeignet ist.
(...) An der Organisation des Sprecherwechsels sind Blickkontakte
in besonderem Maße beteiligt" (Streeck 1983:81). Es bleibt unklar,
was der Korrektur konkret interaktiv vorausging. An dem weiteren
Gesprächsverlauf läßt sich jedoch ablesen, welche Bedeutung dieser, von Cm eingeschlagene Weg für das Gespräch hat: Der
Turneinheit (272/273) folgt eine Gesprächsphase mit hoher interaktiver Dichte. Dm übernimmt den nächsten Turn, indem er sich
inhaltlich auf Cm bezieht, auf den Begriff bringt, welcher Art die
von Cm ausgeführten Arbeiten sind. Cm greift dies in seinem
nächsten Turn in Überlappung zu Dm auf („leichte", 273) und bietet erneut Beispiele. Nach Cms Ankündigung einer Expansion des
Satzes („oder em", 273/277) im Feld einer übergaberelevanten Stelle, setzt Am durch Selbstwahl zu einem Turn-Taking an. Er stellt
ihn zunächst zurück, als Cm die bereits angekündigte Fortführung
des Turns auch realisiert („one speaker at a time"). Mit dem erneuten Turn-Taking von Am mit „obwohl" als Einstiegstechnik, die
Bezug auf das vorher Gesagte nimmt, wird deutlich, daß Am ein
Ende des gegenwärtigen Turns, und damit die nächste übergabe-
berelevante Stelle, bereits vorzeitig antizipiert. Die weitere Expansion dieses Turns („dann", 277) stellt Cm schließlich zurück, nach

kurzer Phase der Überlappung bzw. Verdeutlichung seitens Am, seinen Turn weiterzuführen. Das Zurückstellen/Beharren auf einen Turn ist hier wechselseitig aufeinander abgestimmt.

Wieder ist in dieser Passage ein Adressatenwechsel zu verzeichnen: Die Erläuterungen zu Beginn sind offensichtlich an die Interviewerin gerichtet, mit Ams Turn in Zeile 279 ändert sich dies: Die beiden Sprecher adressieren die übernommenen Turns wechselseitig, besonders deutlich wird dies in den Zeilen 279/280 („du"), 283 („Am"), 284 („dir") oder mit der Namensnennung von Dm in Zeile 284, der damit nicht mehr, wie zuvor („euch", 284), selbst angesprochen wird, sondern als dritte Person genannt wird. Am (286) und Cm (292, 296) antizipieren jeweils den Turn des anderen vor dessen Ende, und zwar nicht nur syntaktisch, sondern auch semantisch. Sie demonstrieren nicht nur ihre aufmerksame Zuhörerschaft, sondern bestätigen wechselseitig die Gemeinsamkeit des Kontextwissens sowie die Aussage des anderen. Die Überlappung der Turns von Am und Cm in den Zeilen 290f. wird als gemeinsame Turnproduktion deutlich, indem Cm Ams Turn mit diesem parallel (mit Verschiebung) fortführt. Ähnlich wie in Ausschnitt 1 entwickelt sich diese Gesprächsphase zu einer Konversation zwischen zwei der vier Gesprächsteilnehmer, diesmal zwischen Cm und Am. Cm beendet in den Zeilen 296/300/301 diesen interaktiv dichten Gesprächsabschnitt mit einer Konklusion.

Auszüge aus der Gruppendiskussion der Gruppe
Money

Im Folgenden möchte ich zwei Passagenausschnitte aus der Diskussion der Gruppe *Money* vorstellen. Diese Gruppe besteht aus drei männlichen Erwachsenen, die einander über mehrere Jahre kennen. Am und Bm arbeiten in der *Putzgruppe*, Cm, der früher gleichfalls in dieser Arbeitsgruppe tätig war, ist zur Zeit der Diskussion in der *Industriemontage* beschäftigt. Alle drei Personen spielen

regelmäßig in der Fußballgruppe der WfB und treffen sich auch
außerhalb der Werkstatt.

Gruppe *Money,* Passage *Anfang,* Ausschnitt 1 (4-48)

```
4    Y:    Und wie war des so als Ihr in die Werkstatt kamt? (.) So
5
6    Bm:                                             L Ick hab ja
7          vorher woanders gearbeitet (.) in der ZG-Allee
8
9    Am:   L Ick                    L Cm Cm Cm grade ehh ehhh
10
11   Cm:                                L Wir beide in Metall.
12
13   Am:   zum Anfang meinste:
14
15   Cm:                   L Ja.
16
17   Am:                        L Wie ick in de Dings gekommen bin: ick
18         bin ja der Cm war ja schon hier. Der is ja schon, wie alt bis-
19
20   Cm:                            L Ja ick bin ja
21
22   Am:   wie lange bisten hier?
23
24   Cm:                        L phhhh ganz schön lange. Weeß ick gar
25         nich mehr ich glaub
26
27   Bm:                        L Ick hab dreiund- im November
28
29   Am:                           L Zehn Jahre oder wat?
30
31   Bm:   dreiundneunzig angefangen.
32
33   Cm:                            L Ich krieg ja je- ich krieg am ersten
34         (          ) en Korb!
35
36   Am:                         L Ja da biste ja fünfundzwanzig Jahre
37         hier oder wat!
38
39   Cm:                      L Joh ((lacht)) @jaahh ich hab mich
40         durchgehalten@ ((lacht))
41
42   Am:                      L Meiei! Fünfundzwanzig Jahre Du. (.) In en und
43
44   Cm:                                    L @Naja logisch
45
46   Am:   derselben Arbeit. ((lacht))
47
48   Cm:   ich hab mich du- ick hab mich durchgehalten!@ ((lacht))
```

Unmittelbar nach Beendigung des ersten, in Form einer Frage formulierten Turns von Y kommt es zum Sprecherwechsel durch Turnzuweisung an die Gruppe („Ihr") und individuelle Selbstwahl seitens Bm („first speaker has rights"). Während dessen Turn beginnt Am seinen Turn zunächst mit „Ick", stellt diesen jedoch aufgrund des gegenwärtigen Turns von Bm zunächst zurück („one speaker at a time"). Bm adressiert seine Äußerung offensichtlich an Y. An der ersten übergaberelevanten Stelle setzt Am erneut an, den Turn zu übernehmen. Dessen mehrmalige Namensnennung von Cm spricht die mit ihm geteilte Geschichte an, die Cm in unmittelbarer Interaktion mit Am weiter ausformuliert (11). Dadurch kommt eine mehrfache Überlappung zustande, auch da Bm seinen Turn noch nicht beendet hat. Am demonstriert mit den Partikeln „ehh" eine Gedankenpause und modifiziert die ursprüngliche Konstruktion des Turns („Cm grade", 9) zugunsten einer an Cm adressierten Verständnisfrage (13) – eine Art interaktiver Reparatur.

Mit der Beantwortung der Frage durch Cm in der wohl kürzest möglichen Turneinheit („Ja.") ist diese Interaktionssequenz zwischen Cm und Am zunächst beendet. Am wendet sich in den folgenden Turneinheiten durch seine Erläuterung wieder an die Interviewerin, u.a. erkennbar daran, daß Cm nicht als 2., sondern als 3. Person genannt wird (18): „der Cm" und „Der is ja schon". Cm seinerseits übernimmt an der ersten übergaberelevanten Stelle in Anschluß an die Aussage Ams einen Turn, der Ams Turn überlappt, sowohl formal wie inhaltlich: Am: „Der is ja schon", Cm: „Ja ick bin ja". Indem Cm von sich, also in der 1. Person, spricht, bewirkt er auch einen Adressatenwechsel: Er macht auf sich nicht nur als Zuhörer aufmerksam, sondern bestätigt als Experte seiner selbst Ams Aussage. Am geht darauf ein, bricht die Formulierung ab und vollzieht eine Turnzuweisung an Cm in Form einer adressierten Frage. Das Turn-Taking leitet Cm mit einem gedehnten Partikel ein, der eine Gedankenpause bzw. das Suchen einer geeigneten Antwort signalisiert. Nachdem Cm zwei Turneinheiten beendet und einen weiteren begonnen hat, löst Bm Cm, der seine Suche nach einer geeigneten Antwort demonstriert, (vorzeitig) ab. Bms Turn liefert eine exakte Angabe der Beschäftigungszeit in der WfB, und zwar in bezug auf ihn selbst, nicht, wie Am erfragte, in bezug auf Cm. Es wäre vordergründig, dies als Mißverständnis zu deuten. Hier geht es zum einen, angesichts der Suche nach einer geeigneten Antwort seitens Cm, um eine erneute verbale Beteiligung an der Konversation (vgl. 6/7) durch Bm. Zum andern demonstriert hier Bm der Gruppe und der Interviewerin, wie solche Fragen beantwortet werden können. Dieser Turn erhält in dem Gesprächsverlauf, ähnlich wie bereits oben, keine weitere Relevanz. Am übernimmt in Antizipation (sowie Überlappung) des gegenwärtigen Turns den nächsten Turn (29), der in Form einer adressierten Frage eine erneute Turnzuweisung an Cm darstellt. Damit fällt Bm bis auf weiteres aus dem Diskurs wieder heraus, was sich inhaltlich auf das Thema der (längeren) gemeinsamen Geschichte von Am und Cm zurückführen läßt und kein ungewöhnliches Phänomen darstellt (s.o.: „with three parties one might be ‚left out‘“). Im Folgenden übernehmen Am und Bm abwechselnd, in Interaktion miteinander, den Turn, und zwar mit auffällig dichtem Anschluß an den Turn des jeweils anderen (vgl. 34-44), d.h. in Antizipation der Turnkonstruktion des jeweils anderen sowie mit Turn-Einstiegstechniken wie: „Ja“ oder „Naja“. Abschließend überlappen sich die Turns der beiden, die eine parallelisierte, gemeinsame Konklusion hervorbringen (vgl. 42-48)[30]. Die zweite Wiederholung in Zeile 48 seitens Cm schließt direkt an die Aussage Ams an, kann daher als eine Reparatur der aufgrund von Überlappung und Lachen schwerer verständlichen ersten Verbalisierung angesehen werden.

---

30 Thematisch greift Am mit dem folgenden Turn die bereits in Zeile 17 eingeleitete Proposition wieder auf und arbeitet sie weiter aus. Die interaktive Zwischensequenz kann insgesamt auch als gemeinsamer Reparaturversuch aufgefaßt werden, da sie die offene Frage: *Wie lange ist Cm schon im Netzwerk?* klärt.

Gruppe *Money*, Passage *Anfang*, Ausschnitt 2 (132-192)

```
132  Am:                                                    L Jaa mit
133       ihm ha ick enn jerne ha ick gemacht die (.) diese (2) die wat
134       Du ma jemacht hast. (.) Da weeßte wie heißen se wie wie hieß
135
136  Cm:                      L Früher: (.) meinste früher?
137
138  Am:  denn die Teile: (2) wo die denn Brems- Bremsdinger da.
139
140  Bm:                                                    L
141       Bremsbacken oder wat:
142
143  Am:             L (Mit den) Brems- (.) die Bremsdinger
144
145  Bm:                                       L Fürn Auto
146       oder wat?
147
148  Am:  L Jaa fürn fürn für fürnn füür für LKW ehh für für n
149
150  Cm:                          L für Ford oder was:
151
152  Bm:                                    L Fürn Auto.
153
154  Am:  Omnisbus. Omnibusse.
155
156  Bm:                    L Det sind die Bremsbacken
157       höchstwahrscheinlich. (.) DIE (        )
158
159  Cm:                       L Oder meint Ihr oder meint Ihr
160
161  Am:                  L NEE!
162
163  Bm:                         L DOCH det sin die
164
165  Cm:  oder meint Ihr
166
167  Bm:  Bremsbacken. Wo (    ) WEIL ER WEIL ER SCHON SACHT DET SIN
168
169  Cm:        L Oder alle Batterie(      ) wo schon (       )
170
171  Bm:  BREMSDING WARUM
172
173  Am:                                       L WO DE WO DE
174       SCHRAUBEN HAST DES UND UND MIT DEN (.) ELEKTROSCHRAUBER. Wat
175
176  Cm:       L JA! SO
177
178  Bm:                                  L NA (.) det sin
179
180  Am:  war en dette?
181
182  Bm:  die Bremsbacken.
183
184  Cm:               L Phhhh det sin sin die. (.) Und die
```

```
185
186  Bm:                                                        ∟ die kommen noch
187
188  Am:                                                        ∟ DET WARN SONE
189      SONE METALLDINGER. ALSO SO EISEN. (.) EISEN (2) EHHM (.)
190      KLÖTZER. (.) und die mußte denn n mußte denn schrauben (.)
191
192  Y:              ∟ mhm                                              ∟ mhm
```

Der Turn von Am zu Beginn des Ausschnitts ist an die Interviewerin adressiert, der erläutert wird, welche Arbeit Am gemeinsam mit Cm („ihm", 133) gerne gemacht hat. Die Turneinheit wird
syntaktisch nicht vervollständigt, sondern umgeformt („ha ick enn
jerne ha ick gemacht die", 133) zu einem Anschlußsatz, der auf das
Objekt des Satzes zusteuert, das begrifflich nicht gefunden wird:
„die (.) diese (2)". Dieser erneut syntaktisch unvollständigen
Turneinheit wird als Reparaturversuch eine an Cm gerichtete
Nachfrage angefügt. Diese Nachfrage enthält gleichzeitig eine
Turnzuweisung an Cm. Erst an deren Ende („hast. (.)", 134) tritt
die erste übergaberelevante Stelle des Turns von Am auf. Cm
kommt der Aufforderung zur Übernahme des Turns nach, indem
er seinerseits durch weitere Nachfrage den Turn an Am wieder
zurückgibt (Vorbeugung von Irrtümern) bzw. dessen überlappen-
den Turn damit zusätzlich legitimiert. Allerdings enthalten Ams
parallel/folgend laufenden Turneinheiten keine *direkte* Antwort auf
die Nachfrage Cms, sondern wiederholen die Frage, die sowohl
eine ‚veröffentlichte Gedankenpause' als auch eine, nun allgemein
an die Gruppe adressierte Nachfrage (Turn-Ausstiegstechnik) darstellt. Leitend bleibt dabei der Reparaturversuch bezüglich der
noch (syntaktisch und semantisch) unvollständig gebliebenen Eingangsproposition. Wenn auch der Turn von Am eine direkte Antwort an Cm schuldig bleibt, beinhaltet er doch in Anschluß an Cm
eine sprachliche Korrektur. Aus „wie heißen" wird „wie hieß"
(134), womit der Bezug auf die Vergangenheit bestätigt, und damit
die Frage Cms beantwortet wird („error correction format"). Im
Folgenden ist das Turn-Taking durch wechselseitiges Befragen
(140f., 145f., 150, 159, 169, 173f./180) und damit einhergehender

wechselseitiger Turnzuweisung sowie von dem Festhalten der bisherigen gedanklichen Suchergebnisse (143, 148/154, 152, 156f.,
163/167/171, 176, 178/182, 184) bestimmt. Dabei geschieht der
Sprecherwechsel vorwiegend im Feld übergaberelevanter Stellen.
Dort, wo Überlappungen über die Übergabesituation hinaus stattfinden, sind es u.a. parallele Fortführungen sowie Kommentierungen der gegenwärtigen Turns (z.B. 148/150, 174/176). Weitere
Überlappungen finden an Stellen statt, wo in das vornehmlich als
Zweier-Konversation mit unterschiedlicher Besetzung organisierte
Gespräch die jeweils dritte Person einsteigt, so Cm in den Zeilen
159/165 oder Bm in den Zeilen 178/182. Deutlich wird die Strukturierung der Konversation der Dreiergruppe in ein Zwei-Personen-
Gespräch („with three part one might be left out"). Dies dokumentiert sich in Zeile 159 bei Cm, der sich an Bm und Am mit „Ihr"
wendet, in Zeile 167 bei Bm, der an Cm gewandt über Am spricht
(„er") und in den Zeilen 173/174 bei Am, der sich offensichtlich an
Cm wendet (mit „WO DE"), da Cm in Zeile 176 bestätigend kommentiert.

Orientiert an der Regel „one speaker at a time", werden die
Überlappungen kurz gehalten. Dies geschieht entweder durch kurze Turns, wie bei Cm in den Zeilen 136 und 176 sowie bei Bm in
Zeile 152, oder durch Turnabbruch, wie bei Cm in Zeile 165 oder
Bm in Zeile 186. An diesem Ausschnitt wird insbesondere die
gemeinsame Erarbeitung einer Antwort auf die von Am in den
Raum gestellte Frage deutlich, die wechselseitige Bezugnahme aufeinander und die wechselseitige Einbindung in das Gespräch, das
ex- und implizit den gemeinsamen Kontext in Rechnung stellt. Die
gesamte Gruppe arbeitet in diesem Gesprächsteil sozusagen an der
Reparatur der aufgetretenen Störung: ‚Begriff fehlt' mit. Mit der
weiteren Erläuterung des Arbeitsganges ändert sich erneut der
Adressat: Im Gegensatz zu der interaktiven Begriffssuche in Präsensform, kehrt Am in die Vergangenheitsform zurück, sein Turn
expandiert, die Interviewerin tritt wieder in das Gespräch ein
(192). Es stellt sich nun die Frage, ob die Reparatur gelungen ist.

Dazu sei auf den weiteren Verlauf der Passage – der aufgrund der Länge nicht abgedruckt wird – verwiesen, in dem Am erneut die bisher ungelöste Frage aufwirft. Diese Störung wird interaktiv und metakommunikativ von der Gruppe bearbeitet und dahingehend behoben, daß man sich einvernehmlich einigt: „Is doch wohl jetz egal". D.h., die Begriffssuche wird schließlich für das weitere Gespräch als irrelevant herausgestellt, woraufhin Am mit seiner Eingangsproposition fortfahren kann.

Zusammenfassung

Die Analyse der Transkriptauszüge unter dem Aspekt des Turn-Taking bzw. der interaktiven Bezugnahme der Diskussionsteilnehmer aufeinander zeigt, daß von beiden Gruppen das gleiche Repertoire an Regeln und Techniken des Turn-Taking zur Gesprächsorganisation verwendet wird wie von sogenannten ‚Nichtbehinderten'. Die Turnkonstruktionen und -modifikationen sowie die Verwendung von Reparaturtechniken dokumentieren dabei jeweils die wechselseitige Bezugnahme der Sprecher aufeinander. Es kann daher angenommen werden, daß für Beschäftigte der ‚Werkstätten für Behinderte' – und damit für Menschen, denen größtenteils eine ‚geistige Behinderung' zugeschrieben wird – keine anderen „Basisregeln" der sprachlichen Kommunikation gelten als für sogenannte ‚Nichtbehinderte'. Die Analyse mag auch die These unterstützen, daß die von Harvey Sacks et al. erarbeitete Systematik konversationeller Interaktion „kontext-freien, kontext-sensitiven" Charakter hat.

Im Gegensatz zu Laga (1982) wird in dieser Arbeit nicht die Abweichung von, sondern die Geltung grundlegender Regeln der Kommunikation auch für die Beschäftigten der ‚Werkstätten für Behinderte' zum Ausgangspunkt der Verwendung des Gruppendiskussionsverfahrens als einsetzbares, d.h. einer weiteren Auswertung zugängliches, Erhebungsverfahren gemacht.

4.3 Zu einigen Besonderheiten der
Gruppendiskussionen

Bei der Durchführung der Gruppendiskussionen mit Beschäftigten
der WfB konnte ich im Vergleich zu Gruppendiskussionen mit Jugendlichen anderer Milieus eine *andere* zeitliche Strukturierung
beobachten. So gab es bei den Beschäftigten sowohl längere Pausen
innerhalb einzelner Redebeiträge wie auch zwischen den Turns.
Weiterhin waren Phasen der Selbstläufigkeit im Diskurs kurzweili-
ger, wie auch die Gesamtlänge mit 45-70 Minuten unterhalb des
Durchschnitts der Dauer der mir bekannten Gruppendiskussionen
liegt. Gründe dafür könnten zum einen darin liegen, daß die Beschäftigten in der Regel selten solche Diskussionen in Gruppen
führen und mit der fehlenden Praxis auch schlichtweg die Übung
fehlt. Zum andern mag hier auch die Erfahrung anderer zeitlicher
Strukturierungsmodi im institutionell geprägten Tagesablauf eine
Rolle spielen, so z.B. die Erfahrung lang andauernder Wartezeiten,
wie sie in Sonder-Institutionen überdurchschnittlich häufig anzutreffen sind. Solche Erfahrungen könnten auch das Zeiterleben beeinflussen und sich in Gruppendiskussionen niederschlagen oder
auch in der sprachlichen Artikulation selbst.

Damit verbunden ist ein weiterer Aspekt: die bereits erwähnten
auditiv wahrnehmbaren Auffälligkeiten in der Artikulation der
Diskursteilnehmer beider Gruppen – Auffälligkeiten, welche „contextualization cues" (Gumperz 1992:48), also sprachliche Hinweise
auf den soziokulturellen Kontext der Gruppen liefern.

Bevor ich darauf näher eingehe, möchte ich auf eine weitere Beobachtung hinweisen: Als ich eine Passage der Gruppe *Money* per
Tonband den Teilnehmern des oben erwähnten Seminars vorspiel-
te, fiel eine Frage, die ich an die Gruppe richtete, durch die Proso-
die (nicht durch ihren semantischen Gehalt) dergestalt auf, daß sie
an sprachliche Umgangsformen von pädagogischem Personal mit
den von ihnen Betreuten erinnerte. Genau solche Bezie-
hungsassoziationen sollten eigentlich durch die Haltung/das Ver-

halten der Forscherin im Feld besser nicht geweckt werden. Vielmehr sollte die Erhebung eindeutig als *außerhalb* einer solchen institutionalisierten Beziehungskonstellation stehend gekennzeichnet sein. Dies war mir ganz offensichtlich hier nicht gelungen. Interessant in diesem Zusammenhang ist jedoch die Beobachtung auch insofern, als sie ein Licht auf die Bedeutung von sprachlichen Ausdrucksformen über den lexikalischen Sinngehalt hinaus wirft[31]. Gumperz führt folgendes aus:

„Inferential processes depend in large part on contextualization cues which are first perceived at the level of surface grammar and phonetic or prosodic form and, once perceived and processed in the light of lexical and grammatical knowledge and sequential positioning within the exchange, give rise to the relevant implicatures" (1992:48).

Diese „contextualization cues" spielen, wie Gumperz darlegt, eine bedeutsame Rolle im situativen Prozeß der Rahmung, der Einbettung sprachlicher Interaktion in einen soziokulturellen Kontext. Sie sind Interpretationshinweise sprachlicher Äußerungen und nehmen Bezug auf die soziale Identität (Goffman 1975) wie auch auf die gemeinsame Geschichte der an der Interaktion Beteiligten. In dem von mir angesprochenen Beispiel wird die von mir unbeabsichtigte (Fremd-)Assoziation meiner sprachlichen Äußerung mit der einer agierenden Pädagogin abgestützt durch die Tatsache, daß ich mehrere Jahre beruflich als Erzieherin in einem der WfB angegliederten institutionellen Rahmen arbeitete (vgl. Kapitel 5). Zur sozialen Zuordnung meiner Person von seiten der Gruppe möchte ich einen kurzen Ausschnitt aus meinen Feldnotizen vorstellen. Der Ort des Geschehens ist die Pausenzone der WfB:

---

31 Eine solche Beobachtung ist natürlich eher intuitiv, d.h. beruht auf Eindrücken und ist nicht methodisch abgestützt. Dennoch halte ich solche Hinweise für beachtenswert und diskussionswürdig. Die folgenden Ausführungen sind demgemäß auch nicht als Forschungs*ergebnisse* sondern eher als Forschungs*impulse* zu verstehen. Den hier aufgeworfenen Fragen ließe sich anhand einer Analyse von Transkripten, die der Intonation, Sprachmelodie und dem Sprachrhythmus Rechnung tragen, systematisch nachgehen.

„Ich ging zur Pausenzone und traf auf Klaus (Am der Gruppe *Money*) von der Putzgruppe. Er saß zusammen mit seiner Freundin und einem weiteren Arbeitskollegen, Marco, der mir aus der Fußballgruppe bekannt war. (...) Klaus winkte mir zu und bot mir schon von Ferne einen Platz an. Ich setzte mich zu ihnen. (...) Klaus sprach recht laut. Er blickte angespannt und schien eine Wut zu haben, die sich jeden Moment ‚Luft machen' könnte. Er erzählte, daß er auf seinen Betreuer warte, der schon vor einer knappen halben Stunde hätte da sein sollen. Er müsse immer auf ihn warten. Dann meinte er, ich solle sein Betreuer sein, ich würde bestimmt immer pünktlich kommen. Ich fragte, ‚So, meinst du?', woraufhin er erklärte, ‚Ja glaub ich schon'. Klaus lud mich in seine neue Wohnung ein. Seine Freundin meinte zu ihm: ‚Vielleicht erst, wenn die Gardinen hängen?'. Klaus nickte und erklärte, daß sie noch nicht ganz eingerichtet sind. Ich sagte zu, später gerne einmal zu kommen."

Obgleich hier die soziale Einordnung meiner Person zwischen der einer berufsmäßigen *Betreuerin* und der einer *Freizeit*-Bekanntschaft changiert, ist es doch beachtenswert, daß Am der Gruppe *Money* hinsichtlich meiner Person hypothetisch ein empathisches Betreuungsverhältnis konstruiert. Diese Assoziationen mögen in die Gruppendiskussion mit eingeflossen sein. Denkbar wäre eine wechselseitige interaktive Beeinflussung, die die Kontextualisierung, die Rahmung der sprachlichen Äußerung in die oben genannte Richtung drängte.

In den offensichtlich kontrastierend wahrgenommenen Sprachformen von Forscherin und Erforschten liegt auch die Verbindung zu der oben als diskussionswürdig vorgestellten Frage: die Zuordnung der sprachlichen Äußerung zur Gruppe der sogenannten ‚Behinderten', auf der Grundlage auditiver Wahrnehmung im Gegensatz zur (nicht erfolgten) Zuordnung auf der Grundlage des Transkriptes[32]. Gumperz weist anhand des Beispiels interethnischer Kommunikation auf eine milieuspezifisch unterschiedliche Beziehung von Betonung und Rhythmus zur Semantik hin, mittels derer

---

32 Sicher spielen mitunter auch organische Ursachen oder die Einnahme von Medikamenten (z.B. Psychopharmaka) bei der Artikulation eine Rolle. Diesem medizinisch-orientierten Erklärungsansatz wird jedoch in dieser Arbeit nicht die Bedeutung beigemessen, die sie innerhalb der Sonderpädagogik üblicherweise hat.

„distinction such as those between main and subsidary points is cued and emphasis and affect are marked". Auf dieser Grundlage bilden sich „*different contextualization conventions*" heraus, die durch die Partizipation an entsprechenden sozialen Milieus angeeignet werden und überwiegend dem Erlernen von grundlegenden grammatikalischen Regeln nachgeordnet sind. Daher sind bspw. Immigranten in der Lage, eine neue Sprache fließend zu beherrschen „although they map the contextualization conventions of their own native society onto their conversational practice in the host language. To the extent that this happens, the individuals in question may have difficulties in establishing significant friendship and peer relationships in the host society" (Gumperz 1992:51). Spezifische sprachliche Formen der Kontextualisierung bilden sich also in spezifischen sozialen Milieus heraus und haben wiederum Einfluß auf den Zugang zu anderen Erfahrungsräumen. Auf die WfB bezogen wäre denkbar, daß sich bestimmte sprachliche Formen der Kontextualisierung herausbilden, die z.B. solche Beziehungskonstellationen wie *Betreuer - Betreuter* einbetten und damit für Außenstehende auffällig erscheinen. Es wäre im Rahmen einer eigenständigen Untersuchung interessant, der Frage nachzugehen, inwiefern bspw. bei Beschäftigten einer WfB Ausgrenzungsprozesse und die damit verbundene Beschränkung auf bestimmte soziale Sonder-Milieus (Sondereinrichtungen wie die Sonderschule oder die WfB) auf die Herausbildung spezifischer sprachlicher Kontextualisierungsformen rückwirken und ihr Gebrauch wiederum den Zugang zu anderen Erfahrungsräumen erschwert.

5. Zur Erhebung

Neben den angegebenen Quellen beruhen die Erläuterungen zur Erhebung auf Informationen aus einigen der von mir erstellten Beobachtungsberichten, die hier aus Gründen der Straffung zusammengefaßt sind.

5.1 Die ‚Werkstatt für Behinderte' (WfB)

Ich konnte die Erhebung in einer ‚Werkstatt für Behinderte', d.h. in einer Zweigwerkstatt eines gemeinnützigen Trägers von Berlin durchführen. Gemäß ihrer offiziellen Funktion ist eine WfB:

„eine Einrichtung zur Eingliederung Behinderter in das Arbeitsleben. Sie bietet denjenigen Behinderten, die wegen Art oder Schwere der Behinderung nicht, noch nicht oder noch nicht wieder auf dem allgemeinen Arbeitsmarkt tätig sein können, einen Arbeitsplatz oder Gelegenheit zur Ausübung einer geeigneten Tätigkeit" (§ 52 Abs. 1 SchwbG, zit.n. Hildebrandt 1984:190).

Der Träger wurde in den 60er Jahren „mit dem Ziel der Betreuung und Förderung geistig behinderter Erwachsener gegründet" (Informationsbroschüre des Trägers 1997[33]). Er hat heute Zweigwerk-

---

33 Der Anonymisierung wegen kann keine weitergehende Angabe gemacht werden.

stätten, Fördergruppen, Zweckbetriebe[34] und bietet Arbeitsplätze
in drei Feldern an: Auftragsfertigung, z.b. Montage- und Sortierar-
beiten; Eigenproduktion, z.b. Keramikarbeiten; Dienstleistungen,
z.B. Wäscherei.

Der größte Teil der Beschäftigten hat die aktenkundige Zuschreibung ,geistige Behinderung' erfahren. Weitere Zuschreibun-
gen sind ,Mehrfachbehinderung', ,Lernbehinderung' sowie ,psychi-
sche Behinderung' (ebd.). Wiederholt wurde mir von Fachkräften
erläutert, innerhalb der Zweigwerkstatt seien „alle mehr oder weniger geistig behindert".

Die Zweigwerkstätten sind in Arbeitsgruppen untergliedert, denen Handwerker, Meister und Ingenieure mit sonderpädagogischer
Zusatzausbildung und Erzieher als Gruppenleiter/in vorstehen.
Darüber hinaus sind im *Begleitenden Dienst* Sozialarbeiter/-päd-
agogen, Psychologen, Ergotherapeuten sowie Krankengymnasten
tätig. Der Arbeitsbereich (Arbeitsgruppen) ist nicht das einzige Tätigkeitsfeld des Trägers:

„In allen Werkstätten bestehen psychosoziale Betreuungs- und
Förderangebote. Es werden arbeitsbegleitend Fördermaßnahmen in den
Bereichen Körperbewegung, Sport, Schwimmen, Musik, Arbeits- und Be-
schäftigungstherapie sowie Kursangebote in Lesen, Schreiben und Rechnen, kreative Gestaltung und Selbständigkeitstraining angeboten. Der
Begleitende Dienst bietet Beratung in psychosozialen Belangen, z.B. bei
persönlichen Problemen am Arbeitsplatz, im sozialen Umfeld und im Umgang mit Ämtern und bei Vermittlung von Wohnplätzen" (ebd.).

Darüber hinaus bietet der Träger in eigenen Einrichtungen Wohn-
plätze an.

---

34 Die Zweckbetriebe bieten tariflich bezahlte, ,teilgeschützte' Arbeitsplätze für
Menschen „mit einer leichten geistigen Behinderung, einer Lernbehinderung und/
oder einer psychischen Problematik" an (Informationsbroschüre des Trägers 1997).
Fördergruppen sind den Werkstätten angegliedert. In ihnen werden Menschen be-
treut, die als ,nicht-werkstattfähig' gelten, d.h. die den institutionellen Kriterien von
,Gemeinschaftsfähigkeit' und ,Leistungsfähigkeit' nicht entsprechen sowie eine
nicht ,zu hohe Pflegebedürftigkeit' aufweisen.

Was den Status der Beschäftigten angeht, sind sie keine Arbeitnehmer und können in der WfB auch keinen beruflichen Abschluß
erlangen. Ihr sogenanntes Entgelt liegt 1996 bei monatlich durch-
schnittlich 235 DM (vgl. BAG/WfB 1997:21). Sie bleiben damit Sozialhilfeempfänger. Sie haben keine Mitbestimmungsrechte, wohl
aber eine ,Behindertenvertretung', die jedoch bei ihren Forderungen auf das Wohlwollen des Fachpersonals angewiesen ist (vgl.
Günther 1987:20).

Räumlichkeiten der Zweigwerkstatt

Das dreistöckige Gebäude der Werkstatt, in der ich die Erhebung
durchführen konnte, liegt auf einem Fabrikgelände. Ein überdi-
mensionales Schild mit dem Namen des Trägers und der Kenn-
zeichnung: ,Werkstatt für Behinderte' ist an der Vorderfront des
Gebäudes angebracht und schon von weitem erkennbar. Zur Straße hin liegt vor dem Gebäude ein bewachsenes Gelände, auf dem
sich zu Pausenzeiten meist einige Beschäftigte aufhalten. Es ist mit
einem hohen, durchsehbaren Drahtzaun umgeben. Die Arbeitsgruppen sind über drei Etagen verteilt. Im Parterre, unmittelbar
hinter der Eingangspforte, befindet sich eine offene, mit dem Flur
des Stockwerkes zu einem Raum verschmelzende Pausenzone[35], in
der es Getränkeautomaten, Tische und Stühle sowie ein Kiosk gibt,
das während der Pausen geöffnet ist. Nach einer Seite geht der Flur
in einen gleichfalls offenen Saal, den Speisesaal, über. Dort ist eine
Bühne angebracht.

Die Flure der beiden andern Etagen sind ebenfalls teilweise als
Aufenthaltsorte, z.B. mit Holzbänken oder Polster-Sitzgruppen,
ausgestattet. An den Wänden hängen z.T. Bilder und Fotos sowie
textiler Wandbehang. Die Arbeitsräume haben verschiedene Grö-
ßen. Regelrechte Arbeits*hallen* sind ebenso vertreten wie kleine
Räume in Wohnraumformat. Hinzu kommen Büroräume und

---

35 Dieser Begriff wurde von mir gewählt. Mir ist kein eigenständiger der WfB bekannt.

kleinere Mehrzweckräume. Die Toiletten für die Beschäftigten sind
ähnlich wie in Schulen angeordnet und allgemein zugänglich, während dem Fachpersonal separate, stets verschlossene Toiletten zur
Verfügung stehen, zu denen nur sie aufgrund einer Schlüsselhoheit
Zugang haben.

Strukturierung der Zweigwerkstatt

In der Werkstatt arbeiten weit über hundert Personen. Es gibt verschiedene Arbeitsgruppen, von der *Industriemontage* über die
Holzwerkstatt bis zur *Putzgruppe* in der Größenordnung von vier
bis zwölf Beschäftigten. Manche Arbeitsgruppen, z.B. die der Industriemontage, sind räumlich zusammengefaßt. Die Atmosphäre
dieser Arbeitshallen gleicht der einer Fabrik.

Die Zeit, in der die Beschäftigten sich in dem Gebäude aufhalten
und ihrer Arbeit nachgehen, erstreckt sich auf 7 1/2 Stunden täg-
lich, inklusive zwei kurze Pausen vormittags und eine längere Pause
mittags. Meist treffen sich die Beschäftigten dann in den Pausenzo-
nen, insbesondere dort, wo die Getränkeautomaten stehen.

5.2 Methodisches Vorgehen

Der Zugang zur Institution

Da mir der Träger der WfB als mein ehemaliger Arbeitgeber aus
vorstudentischen Zeiten gut bekannt war – ich arbeitete im Bereich
der ‚Fördergruppen' einer anderen Zweigwerkstatt –, konnte ich
bei der Planung und Durchführung der Erhebung auf gewisse ‚In-
sider-Kenntnisse' zurückgreifen, so z.B. hinsichtlich der Bedeutsamkeit der betrieblichen Hierarchie. So durchlief ich alle Ebenen
‚von oben nach unten', angefangen vom Geschäftsführer über den
Begleitenden Dienst bis hin zu den Beschäftigten. Da ich einer der
beiden Sozialarbeiterinnen des Begleitenden Dienstes bekannt war,
gestaltete sich mein Einstieg in die Werkstatt unkompliziert, ich er-

hielt wohlwollende Unterstützung in der gesamten Erhebungsphase. Nach einer Ankündigung durch den Werkstattleiter, stellte
ich in einer der wöchentlichen Teamsitzungen des Fachpersonals
mein Vorhaben vor, unter Verweis darauf, daß mein Hauptinteres-
se nicht bei den Gruppenleitern und deren Arbeitsweise läge, sondern bei den Beschäftigten der WfB. In dem Team gab es einen
Gruppenleiter, den ich aus einem sonderpädagogischen Lehrgang
kannte. Er bot mir an, in die von ihm geleitete Gruppe der *Holzwerkstatt* zu kommen, womit ich meinen ersten Einstieg in die
Gruppen der Beschäftigten fand.

Beschrittene Wege im Feld, Sampling

Zu Beginn der Untersuchung war noch offen, zu welchen Beschäf-
tigten-Gruppen innerhalb der WfB ich im Rahmen meiner Untersuchung Zugang suchen würde und mit welchen Gruppen ich eine
Diskussion durchführen könnte. Ich hatte mich allerdings bereits
entschieden, das Sampling nicht nach objektivistischen Kriterien
vorzunehmen, wie etwa auf der Grundlage einer medizinischen
Diagnose einer ‚geistigen Behinderung' in den Akten des Begleitenden Dienstes. Ich war interessiert daran, Gruppen kennenzulernen,
die durch gemeinsame Erfahrung und gemeinsames Handeln miteinander verbunden waren und deren Mitglieder sich in der Mehrzahl – auf welchem Niveau auch immer – sprachlich artikulieren
konnten.

Ich besuchte zunächst sowohl Arbeits- wie Aktivitätsgruppen.
Unter letzteren fand ich Zugang zu einer *Fußball-* und zu einer
Gymnastikgruppe, beide wurden von Fachkräften geleitet. Bei der
Fußballgruppe gestaltete sich meine Teilnehmende Beobachtung
als etwas schwierig, da ich dort als Frau in einem von Männern do-
minierten Feld auffiel und offensichtlich störte. Zwar begegneten
mir einige ‚trotz' meiner anderen Geschlechtszugehörigkeit recht
freundlich, bei manchen Gruppenmitgliedern rief meine Anwesen-
heit jedoch Widerstand hervor. Dies brachte am vehementesten ei-

ner der Fußballspieler zum Ausdruck, der mir, nachdem ich bei einem Turnier der Fußballgruppe zugeschaut hatte, noch Wochen danach zurief, wenn er mich sah: „Frauen bringen Unglück". (Die Gruppe hatte die meisten Spiele haushoch verloren.)

Meine Teilnehmende Beobachtung in der *Gymnastikgruppe* gestaltete sich etwas günstiger. In dieser Gruppe waren Männer und Frauen, ich wurde als ‚teilnehmender Gast' durchweg freundlich aufgenommen. Nachdem ich beide Gruppen jeweils mehrere Male erleben konnte, beschloß ich, mich im weiteren auf die Arbeitsgruppen zu konzentrieren. Dabei war ausschlaggebend, neben dem etwas unglücklichen Verlauf bei der Fußballgruppe, daß nach meinem Eindruck innerhalb der Aktivitätsgruppen jene, die am vertrautesten miteinander umgingen, auch meist gemeinsam in einer Arbeitsgruppe tätig waren. Die Aktivitätsgruppen bestanden jeweils noch nicht so lange (ca. 1 Jahr) und trafen sich als Gruppe wöchentlich nicht häufiger als ein bis zwei Stunden. Darüber hinaus konnte ich in der von mir besuchten Arbeitsgruppe (*Holzwerkstatt*) beobachten, daß die Beschäftigten neben der Verbindung im Arbeitsprozeß auch sonst die Zeit gemeinsam verbrachten, etwa mit Spielen und Gesprächen in Arbeits-Leerlauf- oder Pausenzeiten.

Im Folgenden suchte ich also den Zugang zu weiteren Arbeitsgruppen, wobei meine schon zuvor geknüpften Kontakte zu einzelnen Beschäftigten der Fußballgruppe dies weitestgehend erleichterten. Dies mag auch dazu beigetragen haben, daß zwei der drei Gruppen, mit denen ich eine Diskussion durchführen konnte, Männergruppen waren, deren Diskurse ich schließlich für die Auswertung herangezogen habe. Die dritte Gruppe bestand vorwiegend aus Frauen jüngeren Alters. Der besseren Vergleichbarkeit wegen habe ich mich für die Auswertung der Diskussionen der beiden Männergruppen entschieden, die eine Altersgruppe bilden, also in bezug auf Geschlecht, Alter und beruflicher Verortung (WfB) Gemeinsamkeit aufweisen: Wie Bohnsack ausführt, „werden die milieutypischen Unterschiede gerade dann konturiert sichtbar, wenn wir sie auf dem Hintergrund von Gemeinsamkeiten beobachten können" (1993:143).

Standortreflexion

Da ich vor meinem Studium bei dem gleichen Träger bereits gearbeitet hatte, wurde ich, wie erwähnt, bei der Erhebung wohlwollend unterstützt. Damit stellte sich jedoch auch das Problem eines ‚had gone native' (in Abwandlung des „going native"), was zum einen während der Erhebungsphase, insbesondere zu Anfang, zu einer gewissen Vereinnahmung durch mir bekannte Fachkräfte führte (vgl. Hildenbrand 1984). Zum andern stieß ich auch auf die Gefahr eines ‚Rückfalls' in ein pädagogisches Beziehungsmuster mit den Beschäftigten. Ich habe versucht, diese Schwierigkeiten durch Reflexion über meine Interaktionen im Feld (Beobachtungsberichte) und durch Rückzug von / Hinwendung zu bestimmten Bereichen bzw. Personen zu managen. Auch während der Auswertungsphase ist mein persönlicher Hintergrund mir ein zu reflektierender Zusammenhang geblieben, wenn auch die Jahre meines Studiums zu einer neuen Perspektive auf die sonderpädagogische Praxis beigetragen haben.

6. Komparative Analyse von zwei Gruppen männlicher Beschäftigter mit mehrjähriger Werkstatterfahrung

6.1 Einführung in die Gruppen

Die Gruppe Risiko

Die Gruppe *Risiko* besteht aus vier Personen der Arbeitsgruppe in der *Holzwerkstatt*, die ich gleich zu Anfang meiner Erhebung kennenlernte. Ihr Gruppenleiter, den ich, wie erwähnt, bereits kannte, hatte mir angeboten, in seine Arbeitsgruppe zu kommen.

Ich besuchte die *Holzwerkstatt* über den Zeitraum von zwei Monaten wöchentlich einmal den Vormittag über. Später kam ich hin und wieder in die *Holzwerkstatt* zu Besuch oder traf einige Beschäftigte in der Pausenzone. Die Auswahl der Teilnehmer der Gruppendiskussion erfolgte sowohl formal wie durch die Gruppenmitglieder selbst: Da ich in der Mehrzahl das Einverständnis des gesetzlichen Betreuers für die Teilnahme an der Diskussion brauchte und dieses bei fünf von zehn Personen nicht gewährt wurde, verminderte sich die Zahl der Teilnehmer an der Gruppendiskussion[36]. Des weiteren waren auch manche der 13 Beschäftig-

---

36 Einige hatten eine/n amtliche/n Betreuer/in, bei anderen hatten die Eltern die rechtliche Betreuung übernommen. Ich hatte den Eindruck, als richteten sich die elterlichen Betreuer mehr als die amtlichen nach dem Wunsch des Beschäftigten, an der Gruppendiskussion teil- bzw. nicht teilzunehmen.

ten der Arbeitsgruppe entweder nicht interessiert oder an dem betreffenden Tag nicht anwesend. In bezug auf Jürgen Schmitt (Bm) wurde mir von einem der Gruppenleiter abgeraten, ihn um eine Teilnahme an der Gruppendiskussion zu bitten, da er mir „alles nur kaputtmachen" würde. Mit dem Argument, niemanden ausschließen zu wollen, bestand ich jedoch darauf, auch ihn teilnehmen zu lassen.

Ulrich Krüger (Am) ist zum Zeitpunkt der Gruppendiskussion 32 Jahre alt. Er ging bis zur 9. Klasse in eine „Körperbehinderten- und Nichtkörperbehindertenschule" (Zitat Herr Krüger), arbeitete im Garten einer sonderpädagogischen Einrichtung, in der er auch wohnte. Danach war Herr Krüger vorübergehend arbeitslos. Seit ca. 5 Jahren ist er in der *Holzwerkstatt* im *Netzwerk* beschäftigt. „Außerdem is det wat besonderes, find ick, als einziger Rollstuhlfahrer in so ne Holzwerkstatt zu arbeiten. Find ick ganz wat besonderet." (Passage *Arbeit*, Zeilen 119-124). Herr Krüger ist mit ca. 14 Jahren von zu Hause ausgezogen. Heute teilt er als Untermieter mit einer Frau eine Wohnung.

Jürgen Schmitt (Bm) ist 37 Jahre alt. Er ging zur Sonderschule. Danach begann er in einer sonderpädagogischen Einrichtung in Westdeutschland eine Lehre: „Ick bin der Meinung Wohnen und Arbeiten, des muß getrennt sein, und des war alles auf einem Platz, und dann bin ick natürlich durchgedreht." Die Mutter lebte in Berlin. „Um nach Berlin zu kommen, mußte ich irgendeinen Schaden anrichten, und dann hab ich den Schaden angerichtet, dann bin ick daraufhin nach Berlin gezogen" (nach der Gruppendiskussion, auf Band aufgezeichnet). Zunächst wohnte Herr Schmitt in Berlin in einer Wohngemeinschaft, später zog er in ein Wohnheim um, in dem er heute noch lebt (beides sonderpädagogische Einrichtungen). In *Netzwerk* arbeitet er seit einigen Jahren, seit zwei Monaten in der *Holzwerkstatt*. Nebenbei arbeitet Herr Schmitt als Verkäufer einer Obdachlosenzeitschrift in den U-Bahnen und vor Kaufhäusern.

Dirk Meisner (Cm) ist 36 Jahre alt. Er ging zur Sonderschule und arbeitete zuerst einige Jahre in einem Jugendwerkheim[37], bevor er zum *Netzwerk* kam: „Ja ich bin ja denn sechsundachzig bin ich hier reingekommen erst." Er arbeitet seit ca. 10 Jahren in der *Holzwerkstatt*: „Da macht es mir jetz soo Spaß da zu rumzuarbeiten mit denen" (Passage *Arbeit*, Zeilen 104-105, 111-115). Bis vor einem Jahr lebte Herr Meisner bei seinen Eltern. Seitdem wohnt er in einer Wohngruppe (sonderpädagogische Einrichtung). Er kennt Martin Reichelt aus der Sonderschule und ist mit ihm seitdem befreundet.

Martin Reichelt (Dm) ist 37 Jahre alt. Er ging zur Sonderschule. Er arbeitete in dem gleichen Jugendwerkheim wie Herr Meisner, bevor er vor 11 Jahren in *Netzwerk* begann. „Ick hab mich auch gut eingelebt; also die Arbeit find ick auch gut und die Kollegen sind auch nett" (Passage *Anfang*, Zeilen 81-82). Er lebt seit 3 Jahren in einer Wohngruppe. Davor wohnte er bei seinen Eltern.

Auszug aus dem Beobachtungsbericht zur Diskussion der Gruppe *Risiko*:

„Im Aufzug erklärte mir Ulrich, er habe schon mal vor einigen Jahren ein Interview gegeben. In dem Behindertenbeirat, in dem er jetzt sei, würden sie auch Gruppengespräche führen. Auch Martin erzählte von einem Interview, das er mal gegeben hatte.

Als wir in dem Raum angekommen waren, in dem die Diskussion stattfinden sollte, fragten mich Jürgen und Ulrich beim Aufbau des Tonbandgerätes nochmal nach dem Ablauf der Diskussion: ‚Stellst du Fragen, oder was?'. Ich erklärte den geplanten Ablauf nochmal genauer, vor allem, daß es mir darauf ankäme, daß sie untereinander sprechen.

Die Atmosphäre entspannte sich nach anfänglicher Aufregung recht bald. Dirk interessierte sich für das Tonbandgerät, blickte hin und wieder auf das Band der Cassette. Ulrich übernahm häufig das Wort. Er schaute dann oft zu mir, ansonsten in die Runde. Martin, der nur selten sprach, wandte sich

---

37 Jugendliche, die die Sonderschule verlassen haben, können in Berlin in die sogenannten *Jugendwerkheime* gehen, die der WfB zeitlich vorgelagert sind. Die dort Beschäftigten sind in der Altersgruppe zwischen 18 und 26 Jahren. Wer das Höchstalter überschritten hat, *muß* diese sonderpädagogische Einrichtung verlassen, der Weg führt üblicherweise in die WfB.

mit seiner Körperhaltung immer demjenigen zu, der gerade etwas sagte, blickte zu ihm hinüber und nickte bisweilen bestätigend. Wenn Dirk sprach, änderte er manchmal mitten im Turn die Stimmlage drastisch (nach unten). Einige Male zeigte er durch ‚Melden' (wie in der Schule) eindringlich an, daß er nun sprechen wollte. Beim Sprechen blickte er meist geradeaus nach vorne. Jürgen, der neben mir saß, verließ zwei Male für ein paar Minuten den Raum. Wenn er sprach, wandte er sich dabei vornehmlich an mich.

Die Diskussion war nur über kürzere Zeitspannen selbstläufig, meist übernahm einer einen Turn über längere Zeit, um etwas zu erzählen. Ich hatte den Eindruck, daß ein gleichmäßig verteiltes Verantwortungsgefühl für das Gelingen der Gruppendiskussion bestand. Am Ende stellte ich noch ein paar Fragen zu den Sozialdaten. Als ich die letzten Informationen, da die Cassette voll war, schriftlich niederlegte, fragte mich Jürgen, warum ich das denn nun aufschreiben würde. Es schien ihn zu irritieren. Ich deutete das Unbehagen als Angst, hier namentlich fixiert zu werden und erklärte, ich würde die Namen dann ändern, und es sei, wie schon erklärt, alles anonym. Zum Schluß spielte ich auf Wunsch der Gruppe die Anfangssequenz vor, so daß jeder sich hören konnte. Einige lachten, als sie ihre eigene Stimme oder die des anderen hörten. Ich wurde abschließend gefragt, ob ich denn zufrieden sei mit dem Gespräch, was ich bejahte. Jürgen meinte, ‚sowas' könne man öfters mal machen."

Die Gruppe Money

Die Gruppe *Money* besteht aus zwei Personen der *Putzgruppe*, *Klaus Rehberg* (Am) und *Joachim Groß* (Bm), sowie einer Person der mit *Industriemontage* beschäftigten Arbeitsgruppe, *Helmut Brinkmann* (Cm). Herr Brinkmann arbeitete früher für eine gewisse Zeit ebenfalls in der *Putzgruppe*. Ich lernte alle drei zuerst über die *Fußballgruppe* kennen.

Ich besuchte die aus vier Beschäftigten bestehende *Putzgruppe* ca. 1 Monat einmal wöchentlich, jeweils am Vormittag, bevor es zur Gruppendiskussion kam. Danach traf ich die Beschäftigten vor allem in der Pausenzone. Da bei ihnen keine Einwilligung eines gesetzlichen Betreuers nötig war, erfuhr die Teilnahme an der Gruppendiskussion keine formale Einschränkung. Interesse hatten jedoch nur Herr Rehberg und Herr Groß. Die andern beiden waren gegenüber einer von mir geleiteten Gruppendiskussion mit Tonbandaufnahme skeptisch. Peter Lehmann, der mir gegenüber wiederholt geäußert hatte: „Frauen bringen Unglück", wollte sich nun auch auf kein „Interview" einlassen. Er war der Meinung: „Frauen sind immer so neugierig". Stefan Wenzel war ebenfalls mißtrauisch. Es gelang mir nicht, sie umzustimmen. Da ich es für günstiger hielt, wenn mehr als zwei Personen an der Gruppendiskussion teilnehmen, fragte ich Herrn Rehberg, ob er jemanden von den Fußballspielern kenne, der möglicherweise Interesse hätte, mitzumachen. Er kam gleich auf die Idee, Herrn Brinkmann (Cm) zu fragen, machte gegenüber Herrn Groß diesen Vorschlag, und Herr Groß willigte ein. So gingen wir zu Helmut Brinkmann, den ich auch bereits durch die Fußballgruppe kannte. Er erklärte sich nach einem Aushandlungsprozeß mit dem Meister bereit mitzumachen. Herr Rehberg war derjenige, der sich, wie mir schien, am stärksten für die Gruppendiskussion interessierte. Daß wir den Termin kurzfristig (wegen Krankheit von Herrn Groß) verschieben mußten, bedauerte er, weil er sich „schon etwas zurechtgelegt hatte", was er sagen wollte und an dem Tag, an dem die Gruppendiskussion dann stattfand, „nicht so gut drauf war".

Klaus Rehberg (Am) ist zum Zeitpunkt der Gruppendiskussion 42 Jahre alt. Er ging zunächst zur Grund-, später zur Sonderschule. Bevor er vor knapp zehn Jahren zu *Netzwerk* ging, arbeitete er in einem Jugendwerkheim sowie anschließend in einer anderen WfB. Zwischenzeitlich hatte er eine ABM-Stelle in einer städtischen Einrichtung. „Ich wollte eigentlich Bäcker wie mein Vater machen. Aber denn mußte man die Lehrstelle bezahlen und dazu hatte mein Vater und meine Mutter kein Geld. Bloß für die Großen hatten sie das Geld" (nach der Gruppendiskussion, auf Band aufgezeichnet). Nachdem Herr Rehberg alleine gewohnt hat, lebt er seit einigen Monaten mit seiner Freundin zusammen, die auch in *Netzwerk* arbeitet.

Joachim Groß (Bm) ist 30 Jahre alt. Er ging auf eine Sonderschule. „Ich hab mein Praktikum im Jugendwerkheim HL-Bezirk gemacht, zwee Wochen, aber da wollt ick nich. Det war mir zuwenig"
(nach der Gruppendiskussion, auf Band aufgezeichnet). Er fand
eine Beschäftigung in einer anderen WfB, bevor er 1993 im *Netzwerk* begann. Herr Groß lebt zusammen mit seiner gleichfalls im
Netzwerk beschäftigten Frau und seinem Kind in einer eigenen
Wohnung.

Helmut Brinkmann (Cm) ist 32 Jahre alt. Er ging in die Sonderschule. Danach arbeitete er zunächst in einer anderen WfB, bevor
er vor ca. 10 Jahren zum *Netzwerk* wechselte. „Ich krieg am ersten
en Korb! (...) jaahh ich hab mich durchgehalten" (Passage *Anfang*,
Zeilen 33-40). Herr Brinkmann wohnt in einer Wohngruppe (sonderpädagogische Einrichtung) mit fünf weiteren Bewohnern zusammen.

Auszug aus dem Beobachtungsbericht zur Diskussion der Gruppe
Money:

„Joachim, Klaus und ich gingen in den Aufenthaltsraum, Helmut kam hinzu. Die Gruppe staunte über das Tonbandgerät, Klaus rief: ‚Heyy!‘. Er fragte, ob sie während des Gesprächs auch rauchen könnten, was ich bejahte.
Nachdem jeder dann ein Glas Cola vor sich stehen hatte und ich noch einmal erklärt hatte, worum es mir ging, konnte die Gruppendiskussion be-
ginnen.
Klaus sprach sehr viel, meist direkt ins Mikrofon hinein. Helmut, der insgesamt eher kurze Redebeiträge hatte, lachte sehr viel, schaute oft zur Seite,
zu Joachim oder Klaus, und schien etwas geniert. Joachim sah nach einer
Weile öfters auf die Uhr und das Tonbandgerät, das auch Helmuts Interesse anzog.
Joachim wandte sich bei seinen Äußerungen meist an die andern beiden
der Gruppe. Helmut entfachte bei Redebeiträgen von Klaus hin und wieder
kurze, kommentierende Nebengespräche mit Joachim. Manchmal, z.B. als
es um Ausgrenzungserfahrungen ging, machten die beiden parasprachliche
Laute und Grimassen zu dem Gesagten, lachten und gestikulierten in so
ausgeprägter Weise, daß ich den Eindruck hatte, sie imitierten Verhaltens-
auffälligkeiten. Klaus saß etwas schwerfällig da, die Arme auf den Tisch ge-

stützt, ans Mikrofon gewandt. Seine Artikulation und Mimik war vergleichsweise träge. Er war damit unzufrieden, entschuldigte sich dafür (obwohl ich mich dazu gar nicht geäußert hatte), indem er auf den Einfluß der ihm verabreichten, müde machenden Spritzen (Psychopharmaka) hinwies. Joachim hatte fast die ganze Zeit einen Kugelschreiber in der Hand, mit dem er manchmal auf den Tisch klopfte. Das machte mich etwas nervös, weil ich Bedenken hatte wegen der Aufnahme. Die lebhaften Sequenzen der Diskussion waren begleitet von einer gleichfalls lebhaften Körpersprache.

Nach der Gruppendiskussion, die ca. eine Stunde dauerte, half mir die Gruppe dabei, das Gerät abzubauen. Es war inzwischen Pause geworden."

6.2 Komparative Analyse der Gruppendiskussionen

Die Gruppendiskussionen werden unter folgenden thematischen Gesichtspunkten miteinander verglichen:
- Beschäftigung in der WfB-Institution
- Ausgrenzungsprozesse und ‚Behinderung‘
- Partnerschaftliche Beziehungen.

Bei der Vergleichsanalyse geht es vor allem um die Herausarbeitung der gruppenspezifischen zentralen Orientierungen, die sich an der Bearbeitung der unterschiedlichen Themen jeweils dokumentieren.

Da die Ausgangsfrage, die die Beschäftigung in der WfB thematisierte, wenig geeignet war, Selbstläufigkeit zu initiieren, erhielt sie einen untergeordneten Stellenwert. Die von mir durch Fragen angeregten Themen (vgl. Anhang) bezogen sich auf Erfahrungsbereiche, von denen ich annahm, daß sie für die Gruppen relevant sein könnten. Den Diskussionen ging jeweils meine Vorbemerkung voraus, es sei ‚ganz in Ordnung‘, wenn die Gruppe auf andere Themen komme als diejenigen, die ich mit den Fragen anspreche; mich würde interessieren, was sie interessiert. Außerdem betonte ich, mir sei wichtig, daß die Gruppe *miteinander* spreche.

Im Vergleich der Diskurse der beiden Gruppen fiel die Gruppe *Money* gegenüber der Gruppe *Risiko* durch eine ausgeprägtere interaktive Dichte auf. Diejenigen Passagen, die selbstläufig waren, hatten insgesamt nicht eine solche Dauer, wie mir dies aus Gruppendiskussionen von Jugendlichen bekannt ist (vgl. Kapitel 4.3). Interessanterweise entwickelte sich bei beiden Gruppen jeweils nach einem von mir initiierten gleichen Thema, dem der *Zukunftsvorstellungen*, die Fokussierungsmetapher des Diskurses. Dies geschah jedoch – bei beiden Gruppen – nicht in Bearbeitung dieses Themas, sondern, indem es *fallengelassen* und, wie noch zu sehen sein wird, das Thema: *Arbeit in der WfB* an seine Stelle gesetzt wurde.

6.2.1   Beschäftigung in der WfB-Institution

Die Ausgangsfrage in der Gruppendiskussion bezieht sich darauf, wie die Gruppe in der WfB „so des hier so erlebt" (vgl. Anhang). Die Gruppe *Risiko* bearbeitet diese, auf die Gegenwart bezogene Frage retrospektiv:

Gruppe *Risiko*, Passage *WfB-Beginn* (64-82)[38]

```
64   Cm:                                              L Also em
65         ich ehh ich bin auch eh achten ich bin achtennachzig hier
66         reingekommen von a- von vom Jugendwerkheim MD-Bezirk, (.) und
67         hab denn hier hab denn hier auch (.) eh angefangen: hier im
68         Netzwerk hier in n: des wurde, (.) da war noch es war wurde
69         noch hier renoviert und eh ich ehm ich war noch ich war in der
70         NV-Straße 100 hier noch mit Dm zusammen und da da hab ich mit
71         ihm zusammen gearbeitet, und denn a- siebenundneu-
72         siebenundzwanzig mußte ich denn aus ehh aus der NV-Straße aus
73         dem Ju- ja Jugendwerkheim MD-Bezirk (.) rauus, und da bin ich
74         hierher gekommen: hier ins Netzwerk hier. Hier machts mir
75         Spaaß, (.) und eh ich hab mich hier auch gut eingelebt, (1)
76         und (.) die Holzwerkstatt is schön uund sind alle ganz nett
77         hier, Herr Hebemann und der Bruno is nett, Stiehl, und (.) die
78         find ich alle nett hier die Leute hier im Netzwerk. (3)
79
80   Dm:                                                L Ick
81         hab mich auch gut eingelebt: also mir die Arbeit (find ick)
82         auch gut und die Kollegen sind auch nett.
```

---

38 Vergleiche die Hinweise zum Transkriptionssystem in Kapitel 4.

Zunächst erzählt Cm vom Eintritt in die Institution („Netzwerk"),
bevor er auf die Gegenwart zu sprechen kommt. Dieser wird als ein
fremdbestimmtes Ereignis, als Wechsel von dem einen institutionellen ‚Drinnensein' zu einem andern erfahren: Da er aus dem Jugendwerkheim „rauus" „mußte", ist er ins *Netzwerk* „reingekommen", d.h., das ‚Hiersein' in der Arbeitsstätte wird in einer
umfassenden, die gesamte Person und Zeit betreffenden Weise dargestellt. Dies korrespondiert zur Beschreibung, sich „hier auch gut
eingelebt" zu haben, eine Formulierung, die bereits Am in einem
vorangegangenen Redebeitrag verwendet hat und die anschließend
erneut in Dms Turn auftaucht. Der Begriff des ‚Sich-Einlebens' bezieht sich auf Aspekte, die sonst eher dem Wohnbereich zuzuord-
nen sind. Für eine Arbeitsstätte würde sich eher der Begriff des
‚Sich-Einarbeitens' eignen. Damit wird nochmals betont, daß es
sich um ein *Leben innerhalb* der Institution handelt sowie um einen Anpassungsprozeß an die institutionellen Bedingungen. Dabei
entspricht die Evaluation des eigenen Assimilationsprozesses einer
Außenperspektive, wie sie etwa von den Repräsentanten der Institution eingenommen werden könnte.

„Spaß" und Gefallen an der Werkstatt (76) bzw. an der Arbeit
(81/82) sowie das ‚Nettsein' der „Leute hier im Netzwerk" sind Kriterien der gegenwartsbezogenen Evaluation. Dabei wird den namentlich erwähnten Vorgesetzten (77) besondere Bedeutung zuge-
messen. Insbesondere an Dms knappem Redebeitrag, der alle diese
Kriterien nochmals aufführt, bei (fast) gleicher Wortwahl und einem häufigen Gebrauch des Attributes „auch", spiegelt sich die Gemeinsamkeit dieser Perspektive.

Im Vergleich hierzu kündigt sich bei Bm, der seit drei Monaten
– zunächst als Praktikant – in der Werkstattgruppe arbeitet, bereits
in dieser Eingangspassage ein anderer Orientierungsrahmen an:

Gruppe *Risiko*, Passage *WfB-Beginn* (44-60)

```
44   Bm:                    L Ich ich bin (schneller) in die
45        Holzwerkstatt gekommen, unter einer Bedingung daß ick in an
46        die Maschinenraum komme, und wenn ich nicht in die
```

```
47           Holzwerkstatt gekommen wär ehm an die Maschinen rangekommen
48           wär, hätt ich das Praktikum hier in Netzwerk abge-
49           abgebrochen, un weil der Lohn hier noch so wenig is, muß ich
50           noch zusätzlich bei der Motz ehm arbeiten gehn um das Geld,
51           was der Senat uns weggenommen hat wieder reinzuholen. Und des
52           ist nicht grade einfach. (4) Und wenn des ehm noch weniger
53
54    Y:                               ⌊ mhm
55
56    Bm:    wird dann werde ich ehm noch extremer arbeiten, und wies denn
57           wie es mir denn ergeht (.) ehhm das weiß ich noch nich. (4)
58           Ich mein bis jetz ehm fühl ich mich eigentlich sehr wohl und
59           (.) ich hoffe (.) ehm daß es bald wieder ehm aufwärts geht,
60           und des entscheidet sich bei mir erst Ende des Jahres.
```

Bm verbindet mit dem Eintritt in die *Holzwerkstatt* „eine Bedingung", die er an die Institution stellt: an jenem Bereich des Arbeits-
prozesses beteiligt zu werden, der den Umgang mit Maschinen ermöglicht (45-47). Offensichtlich ist dieser an die Erfüllung von
bestimmten, durch die Vorgesetzten festgelegten Kriterien gebunden, die Bm für sich voraussetzt. „An die Maschinen ran(zu)kom-
men", erhält eine solch hohe Bedeutung, daß Bm bei Ausschluß aus
diesem Tätigkeitsfeld das „Praktikum" in der Institution vorzeitig
beenden würde. Bm präsentiert sich hier als autonom handelnder
Akteur, der den Werkstattbedingungen eigene, mit deutlichen
Konsequenzen verbundene Konditionen entgegensetzt und somit
einen Aushandlungsprozeß zur Grundlage der Zusammenarbeit
macht. Dies steht im Kontrast zu dem Orientierungsmuster einer
gelungenen Assimilation an die institutionell gesetzten Bedingungen, wie sie für die übrige Gruppe Geltung hat.

Weiterhin nimmt Bm den Erwerbsaspekt der Arbeit in den Blick
und stellt ihn in einen der Institution übergeordneten Zusammenhang. Die geringe Entlohnung wird auf die Landespolitik zurückgeführt, die als solche kein Gegenüber darstellt, mit dem ein
Aushandlungsprozeß möglich wäre. Um den Lohnausfall (51) auszugleichen, geht Bm einer „nicht grade einfach(en)" Nebentätigkeit nach, die den Obdachlosen, einer sozialen Randgruppe, der
Bm nach formalen Kriterien nicht angehört, als Einkommensquelle dient: dem Verkauf einer Obdachlosenzeitschrift („Motz") an öf-

fentlichen Orten[39]. Diese Prioritätensetzung der Verfügbarkeit finanzieller Mittel steht im Kontrast zur übrigen Gruppe, die den Erwerbsaspekt der Arbeit während des gesamten Diskurses nicht an-
spricht. Es dokumentiert sich hierin eine ausgeprägt handlungs-
relevante Orientierung an persönlicher Autonomie, welche
strukturell nachteilige Bedingungen durch eigene Anstrengungen
auszugleichen sucht. Auch zeichnet sich in diesem Abschnitt bereits eine zukunftsgerichtete Perspektive, ein Abwägen von Bedingungen und Enaktierungsmöglichkeiten ab: Bei Bm, der sich „bis
jetzt" „eigentlich sehr wohl" fühlt – offenbar bezieht sich diese Evaluation auf die Tätigkeit in der *Holzwerkstatt* – steht „Ende des Jahres" etwas zur Entscheidung an, von dem er hofft, daß es seine Situation positiv beeinflussen wird. Wenn auch die positive Evaluation der Tätigkeit mit der Gruppe übereinstimmt, so kann doch festgehalten werden, daß bei Bm in bezug auf die Institution offensichtlich andere Orientierungen im Zentrum stehen als bei der
übrigen Gruppe.

Die Gruppe *Money,* der die gleiche Ausgangsfrage wie der Gruppe *Risiko* gestellt wurde, beschreibt zunächst die Atmosphäre der
WfB:

Gruppe *Money,* Passage *Kündigung* (9-42)

```
9    Am:              L Na is manchma is det en bißjen laut. Also wenn
10          wenn wenn wenn unten die Pause is und so wa?
11
12   Y:                                    L mhm (5)
13
14   Cm:                                                      L
15          ((lacht)) (1)
16
17   Am:              L Aahwer eh (2)
18
19   Bm:                              L Na manchma zu laut ja.
20
21   Am:                                          L Was?
22
```

39 Tatsächlich begegnete ich Bm innerhalb eines halben Jahres zufälligerweise drei-
mal auf öffentlichen Plätzen der Stadt (U-Bahn, U-Bahnhof, Vorplatz eines Kauf-
hauses) beim Verkauf einer Obdachlosenzeitschrift. Darüber hinaus zeigte er mir
mehrfach in der WfB seinen Ausweis als Obdachlosenzeitschriften-Verkäufer.

```
23   Bm:                                                              L
24         Manchma zu laut wie heute ja.
25
26   Am:   L Manchma zu laut.          L Manchma zu laut.
27
28   Y:                                           L mhm (4)
29
30   Cm:                                                     L Stimmt.
31         (1) Denkst Du bist in Stadion! ((lacht))
32
33   Am:                                   L Aber die Arbeit jefällt
34         uns.
35
36   Y:       L mhm
37
38   Bm:      L Ja.
39
40   Cm:        L Und macht Spaß ja.
41
42   Bm:                      L Macht Spaß ja.
```

Am nimmt allgemein Bezug auf die Atmosphäre in der Institution, die als „manchma" „en bißjen laut" beschrieben wird, wobei die Geltung der Proposition räumlich auf „unten" sowie zeitlich auf „die Pausen" eingegrenzt ist, mit Tendenz auf Ausdehnung: „und so". Die Proposition wird interaktiv durch die Gruppe validiert und über den metaphorischen Vergleich „Stadion" weiter elaboriert. Dieses Bild verweist auf einen Freizeitort, der massenhaft von Zuschauern eines Ereignisses aufgesucht wird und einer Anonymität verhaftet bleibt. Diese als unangenehm dargestellten äußeren Bedingungen der Institution weisen eine gewisse Parallele zu Goffmans (1973) Darstellung totaler Institutionen auf, für die u.a. das erzwungene Zusammensein einer großen Gruppe von Menschen charakteristisch ist.

Im Gegensatz zur Pausensituation („aber", 33) wird nun eine positive Evaluation der Arbeit vorgenommen: „die Arbeit jefällt uns". Darin stimmt die Gruppe *Money* mit der Gruppe *Risiko* überein, die ebenfalls in ihrer Darstellung die Aspekte „Spaß" und Gefallen an der Arbeit heranzieht. Allerdings kündigt sich mit der eher kritischen Eingangsproposition der Gruppe *Money* zur Pausenatmosphäre auch eine etwas ambivalente Haltung gegenüber der Institution WfB an.

In der Retrospektive beschreibt die Gruppe *Money* ihre Erfahrungen mit der WfB nicht, wie die Gruppe *Risiko* (Bm ausgenommen), als einen ‚geglückten Assimilationsprozeß‘. Bei ihr setzte eher eine allmähliche Ernüchterung ein. Wie Am zunächst jedoch erläutert, gefiel es ihm anfangs sehr gut in der WfB:

Gruppe *Money*, Passage *Anfang* (50-56)

```
50   Am:                                              ⌊ Ick bin
51        ja n- vo- janz gut uffgenommen worden. Ick war eh begeistert.
52        Darum hab ick oo- ma wieder angefangen ne. (.) da war ick
53
54   Y:                                          ⌊ mhm
55
56   Am:   krank. (.) krank zwischendurch. war in de (.) Psyschatrie
```

Die hier eingenommene Perspektive fokussiert die Sozialität, das ‚Aufgenommen-Werden‘ durch die Gruppe oder Institution, *ihr* Umgang mit Am, nicht *seine* Anpassungsleistung an *Netzwerk*. Ihn „begeistert(e)“, wie ihm begegnet wurde, weshalb er sich nach einer Unterbrechung erneut für diese Werkstatt entschied.

Die Zeit zwischen dem ersten und dem zweiten Eintritt in die WfB verbrachte Am in einer Psychiatrie. Auf einen Zusammenhang seiner psychiatrischen Behandlung zur vorausgegangenen Beschäftigung in der WfB weist Am nicht hin. Im weiteren erzählt er von der erneuten Beschäftigung durch die WfB, die einen unerwarteten Verlauf nahm:

Gruppe *Money*, Passage *Anfang* (88-129)

```
88   Am:                             ⌊ Da hab ick wieder angefangen.
89        Dann wurd ick wurd ick runtergesetzt von (.) drei ((hustet))
90        dreihundert (.) uff zweehundert Mark. (4) Weil sie jesacht ham
91
92   Y:                                          ⌊ mhm.
93
94   Am:   (1) ehh (1) Du hast ni- Du hast nich eh (.) Du hast det nich
95
96   Bm:           ⌊ Neja weil Du vierzig ge-
97
98   Am:   eh Du hast noch nich soo eh Leistung gezeigt un so. und (1)
```

```
99          wie soll ick en Leistung zeigen wenn wenn die ARBEIT (.) so so
100
101  Bm:                                                                    L
102         kaum kaum Arbeit da is.
103
104  Am:    SPRÜDE is. (1) SPRÜDE WAR N N WAR DIE UNTEN IN DE METALL,
105         STIMMTS?
106
107  Cm:              L Ja. (2)
108
109  Am:                      L Det hat keen Spaß gemacht. Andauernd
110         (.) Kabelstecken und so,
111
112  Cm:                               L Du bist doch rausgegangen ooch denn;
113
114  Am:                                                                    L
115         Jja.
116
117  Cm:         L Und denn kam ich zum Schluß. (              )
118
119  Am:                          L Da unten hats mir eigentlich
120         keen Spaß jemacht. (.) Cm war ja immer weg, (.) der wurde ja
121
122  Y:                         L mhm
123
124  Am:    bei Heinz gebraucht,
125
126  Cm:                         L Ja. (2) Ick konnte eh über (    alles)
127         konnte (    ) immer brauchen jetzt.
128
129  Bm:                        L Ick war auch schon ma bei Heinz
```

Die mit der Phase des ‚Krankseins‘ (bzw. der „Psychatrie") verbundene Verlaufskurvenentwicklung (vgl. Schütze 1983) findet
entgegen den Bemühungen Ams eine Fortsetzung: Er entscheidet
sich zwar selbstbestimmt für eine Wiederaufnahme der Werkstatt-
tätigkeit. Dieser folgt jedoch eine Erfahrung der Fremdbestimmung, eine Degradierung: Am wurde von Repräsentanten der
institutionellen Norm der Lohn um ein Drittel gekürzt. In der Erzählung erscheinen diese generalisiert, als Gruppe, „sie", die dem
einzelnen, Am, gegenüberstehen und die Rückstufung mit man-
gelnder „Leistung" erklären, in mehrfacher, allmählicher Entfaltung und Korrektur der Aussage. Diese Rekonstruktion veranschaulicht auch sprachlich den Prozeß des erst allmählichen
Aufgeklärtwerdens bzw. Verstehens, was eigentlich vor sich ging.

Die ambivalente Haltung gegenüber der Institution WfB, die in der Anfangssequenz bereits erkennbar ist, erhält in diesem Abschnitt weitere Konturen. Die für die Gruppe geltende Orientierung, „Leistung" zu zeigen, unterscheidet sich von der institutionellen Norm in dem Punkt, daß sie monotone, einseitige Arbeiten ausschließt. „Leistung zeigen" ist nur bei abwechslungsreichen, nicht-stupiden Aufgaben möglich und mit „Spaß" an der Arbeit verbunden. Dieses Orientierungsmuster dokumentiert sich nichtzuletzt in der von Cm dargelegten Konsequenz Ams, die Arbeitsgruppe angesichts dieser unbefriedigenden Tätigkeiten verlassen zu haben.

Die Bemerkung von Bm in Zeile 102 stellt eine Fortführung der Formulierung von Am dar (bei syntaktischer Anknüpfung an „wenn"). Sie macht auf einen weiteren Aspekt der für die Gruppe fragwürdigen Argumentation durch die Repräsentanten der Institution aufmerksam: Wie soll Am „Leistung zeigen wenn" „kaum Arbeit da is". Zwar wird dieser Gedanke von Am nicht explizit aufgegriffen, stimmt jedoch mit seiner folgenden Äußerung in der Einschätzung überein, daß die Institution die Voraussetzungen gar nicht dafür bietet, „Leistung (zu) zeigen" (indem sie weder für genügend Arbeitsaufträge noch für qualifizierte Arbeit sorgt).

Eine Orientierung an Sozialität im Arbeitsprozeß dokumentiert sich in der Beschreibung der Verbindung zu Cm, dessen Abwesenheit im Zuge einer Plausibilisierung der Unzufriedenheit mit der Arbeitssituation (120) explizit genannt wird. Die vorübergehende Abberufung von Cm in eine bestimmte, durch den Namen des Vorgesetzten repräsentierte Arbeitsgruppe erhält dabei den Stellenwert eines WfB-internen Qualifikationsnachweises. So bekundet im Anschluß Bm, gleichfalls dort tätig gewesen zu sein. Diese Orientierung an Qualifikation bzw. qualifiziertes Arbeiten und deren Anerkennung durchzieht den gesamten Diskursverlauf. Ihr stehen monotone Arbeit und Lohnkürzung – hier Ausdruck einer Degradierung – als Komponenten eines negativen Gegenhorizontes des Orientierungsrahmens der Gruppe gegenüber.

Auch die Gruppe *Risiko* befaßt sich mit Fragen der Qualifikation im Arbeitsprozeß und ihrer sozialen Anerkennung. Dies wird von ihr jedoch in einen anderen Rahmen gestellt und durch anders gelagerte Aspekte zum Teil konterkariert. Insbesondere in der Fokussierungsmetapher, der Passage *Arbeit*, ist dies erkennbar, eine Passage, die zunächst das Thema *Zukunft* bearbeitet. Dies soll im Folgenden nachgezeichnet werden.

Nachdem Y die Gruppe nach ihren Zukunftsvorstellungen gefragt hat (vgl. Anhang), beschreibt Bm seine diesbezüglichen Pläne:

Gruppe *Risiko*, Passage *Arbeit* (22-49)

```
22   Bm:    Ick versuche ja det so zu machen daß daß daß ick ehm so en Job
23          ma (.) ehm finde wo i- wo ick ehm meine normalen acht Stunden
24          arbeite. (       ) wo ick en Lohn habe so so daß ick ehm (.)
25
26   Y:                                                       L mhm
27
28   Bm:    auch wieder mehr Freizeit habe, ne und denn geht's mir
29          vielleicht auch hinterher wieder besser ne (.) und ick hab (
30
31   Y:                                                       L mhm
32
33   Bm:    sowieso) sehr wenig Zeit, und die Zeit die ich habe, die
34          brauch ich für meine Freundin und für mich, und nu können
35
36   Y:                                                       L mhm
37
38   Bm:    meine Betreuer 's nicht einsehn, und wenn se 's nicht einsehn
39          können dann ham se eben Pech jehabt. Kann ich eben nicht
40
41   Y:                                                       L mhm
42
43   Bm:    ändern aber (.) ehm ick bin der Meinung mein Leben geht
44          irgendwo vor und det Leben (.) meiner Freundin geht vor. Ick
45
46   Y:                                                       L mhm
47
48   Bm:    lebe ja nicht für für meine Betreuer oder so, ick lebe für
49          meine Freundin und für mich ne. (2)
```

Der dargelegte biographische Entwurf bezieht sich auf die Bereiche ‚normaler Job', „Freizeit" sowie „Freundin", d.h. Bereiche außerhalb der gegenwärtigen WfB-Institution. Bm hofft, eine Arbeitsstelle außerhalb des institutionellen Rahmens der WfB zu finden, mit einer Entlohnung, die eine Nebentätigkeit wie jene, die er zur Zeit ausübt (Verkauf von Obdachlosenzeitschriften), erübrigt und andere, nicht-institutionell gebundene Lebensbereiche, wie die Freizeit bzw. die partnerschaftliche Beziehung, erweitert. Homolog zur Darstellung in der Anfangssequenz, beschreibt Bm seine gegenwärtige Situation als wenig befriedigend: Er hat „sehr wenig Zeit". Über die Frage der Verwendung seiner freien Zeit gerät er mit seinen „Betreuern", d.h. den Repräsentanten der sonderpädagogischen Wohneinrichtung, in massive Konfrontation, da sie seine außerinstitutionelle Prioritätensetzung nicht akzeptieren. Deren Ansprüche auf seine „Zeit" werden dabei als totalitär, das gesamte Leben betreffend, wahrgenommen (48). Ähnlich der Rekonstruktion des Aushandlungsprozesses zum Beginn des Praktikums in der *Holzwerkstatt* unterstreicht Bm auch hier eine gewisse Kompromißlosigkeit: Die „Betreuer" haben „eben Pech" gehabt, „wenn se 's nicht einsehn".

Deutlich wird in dieser Darstellung eine Orientierung an Autonomie von strukturell vorgegebenen Bedingungen. Die partnerschaftliche Beziehung, die nicht fremdstrukturierte freie Zeit und Eigenverantwortlichkeit bilden hier Komponenten des positiven Gegenhorizontes. Dieser steht dem negativen Gegenhorizont mit den Komponenten: Institutionalisierung des Alltags, institutionelle Normen, Fremdbestimmung (durch die „Betreuer") gegenüber, Komponenten, die sich insbesondere in der Konklusion dokumentieren: „Ick lebe ja nicht für für meine Betreuer oder so, ick lebe für meine Freundin und für mich ne".

Der in der Anfangssequenz weiter oben erwähnte Verkauf einer Obdachlosenzeitschrift kann dabei selbst schon als Enaktierung dieses Orientierungsmusters betrachtet werden, als ein Weg, sich der fremdbestimmten Institutionalisierung des eigenen „Lebens" zu entledigen. Der Verkauf dokumentiert auch eine Aufstiegsorientierung: zum einen durch die mit dem Nebenerwerb einhergehende Verbesserung finanzieller Ressourcen, zum andern durch eine öffentliche Selbstverortung als Angehöriger der Stigmagruppe der

Obdachlosen. Das scheint zunächst paradox, folgt jedoch einer in-
neren Logik: Bm fokussiert nichtinstitutionelle Bereiche, ohne jedoch den institutionellen Bezug ganz auszuklammern (siehe seine
Suche nach einem ‚normalen Job'). Die Obdachlosen sind die soziale Gruppe innerhalb der Gesellschaft, die wohl die geringsten institutionellen Bezüge aufweist. Hier trifft er sich mit denjenigen
Obdachlosen, die sich mit dem Verkauf der Zeitschriften, der halb-
institutionell strukturiert ist, eine Verbesserung ihrer Lebensbedingungen versprechen.

Nebenbei bemerkt, kann diese aufstiegsorientierte Selbststigmatisierung[40] von Bm auch als Dokument einer fehlenden gesellschaftlichen Anerkennung der in Sondereinrichtungen arbeitenden
und wohnenden ‚Behinderten' betrachtet werden.

Im Anschluß an Bms Turn greift Am die Frage nach den Zukunftsvorstellungen zunächst wieder auf. Es kommt zu folgender
Proposition:

Gruppe *Risiko*, Passage *Arbeit* (59-97)

```
59   Am:        ⌊ Also ick sehe die Zukunft gemischt. Also (6) so wie'd
60              jetzt aussieht (1) wird's wohl (2) nich besser werden sondern
61              (.) eher schlechter. Find ick. (1) Aber ick sag mir (.) nach
62
63   Y:                    ⌊ mhm
64
65   Am:        jeder Talfahrt kommt och ne (.) Bergfahrt wieder. (2) Aber eh
66
67   Y:                                            ⌊ mhm
68
69   Am:        erstmal (.) wird's noch 'ne Weile abwärts gehn (6). Aber
70              trotzdem mm- ist eh resignier ich nicht; also (.) det laß ick.
71              (3) Also wenn man uffjiebt dann (.) hat man schon verlorn.
72
73   Y:                                                    ⌊ mhm
74
75   Am:        (5) Nö eh (.) ick will ick seh de Leben (.) positiv. (4) So
76              lange (.) ick ne Arbeit hab, jeht's mir eigentlich janz jut.
77
```

---

40 Sich selbst zu stigmatisieren, um eine Verbesserung der eigenen Lebensbedingungen zu erlangen, ist bei Bm offensichtlich ein biographisch relevantes Orientierungsmuster, siehe die Kurzzusammenfassung Bms bezüglich seines intentional
durch einen Schaden (‚abweichendes Verhalten') bewirkten Umzugs nach Berlin
(vgl. Kap. 6.1).

```
78  Y:                                                    L
79        mhm
80
81  Am:   (2) Und ick hoffe daß ick die Arbeit noch ne janze Weile
82        behalte. (6)
83
84  Dm:             L Ja ick hoffe ooch daß ick (.) die Arbeit (.) hier
85        (.) behalte.
86
87  Y:              L mhm
88
89        (10) (Cm im Hintergrund zu hören)
90
91  Am:   Aber (.) phh sonst soo
92
93        (16)
94
95  Cm:   Ja (.) also mir macht (.) also ich finde des och schön wo ich
96        jetzt hier arbeite im des macht mir hier (.) des macht mir auch
97        Spaß jetzt hier im Netzwerk.
```

Allgemein theoretisierend prognostiziert Am, der Kerncharakter der Gruppe *Risiko*, für die Zukunft eine weitere, generelle Verschlechterung, die er jedoch in einen übergreifenden zyklischen Rahmen stellt. Der Negativ-Prognose für die nähere Zukunft begegnet er mit einer positiven Orientierungstheorie: nicht zu resignieren, „de Leben positiv" zu sehen. Dort, wo Am konkreter wird, bezieht er sich auf den Bereich der Arbeit, die im Zentrum der Evaluation für die persönliche Situation steht, und zwar über das Faktum eines Arbeitsplatzes (76). Dies steht in Kontrast zu Bm, der den außerberuflichen, außerinstitutionellen Bereich der Freizeit und Partnerschaft oder die Rahmenbedingungen der Arbeit (vgl. Anfangssequenz) in den Blick nimmt. Im Bereich der Arbeit nimmt Am hingegen Bezug auf die Erhaltung des Status Quo. Die Zukunft bietet keine Projektionsfläche für einen gestalterischen Entwurf wie bei Bm. Daß diese eher schicksalhafte Zukunftsperspektive für die Gruppe Geltung hat, wird an Dms Äußerung (84/85) deutlich. Mit Cms Turn schließlich ist die Überleitung zum Thema *Arbeit* in den zeitlichen Dimensionen Gegenwart und Vergangenheit, d.h. die Suspendierung des Themas *Zukunft* vollzogen.

Bevor ich mit der komparativen Analyse weiter fortschreite, möchte ich einige Bemerkungen zur Gruppe *Risiko* machen: Wie aus den bisher vorgestellten Sequenzen hervorgeht, unterscheidet sich offensichtlich Bms Orientierungsrahmen von dem der Gruppe in wesentlicher Hinsicht, insbesondere bezüglich der Selbstverortung inner- und außerhalb institutioneller Bedingungen. Es wird daher die *Gruppe Risiko* unterschieden von *Bm der Gruppe Risiko*[41]. Interessanterweise spiegelt sich diese Divergenz der Orientierungsrahmen bereits in der Formalstruktur des Diskurses wider. Wie ich weiter oben (Kapitel 4.2.2) schon ausgeführt habe, sucht man an den Stellen, wo der Diskurs eine vergleichsweise hohe Interaktionsdichte aufweist, vergebens nach Redebeiträgen von Bm[42].

Doch zurück zur komparativen Analyse: In dem weiteren Verlauf der Passage *Arbeit* der Gruppe *Risiko* kommt es nach einer erneuten positiven Evaluation des Arbeitsbereiches der *Holzwerkstatt* durch Cm zu einer stark individualisierenden Proposition, in der Am auf die Bedeutung, die seine Beschäftigung als „einziger Rollstuhlfahrer" für ihn dort hat, ausführlich eingeht. Da dies schließlich auch für die Gruppe relevant wird und zur eigentlichen Fokus-

---

41 Eine methodisch angemessene Schlußfolgerung für die Erhebung ist bei einem solchen Ergebnis, innerhalb der WfB nach einer Gruppe zu suchen, in der sich solche, von Bm vertretenen Orientierungen entwickeln und konstituieren. Jedoch scheint es wenig aussichtsreich, eine solche Erfahrungsgemeinschaft *innerhalb* der WfB zu finden, da das bereits deutlich gewordene Orientierungsmuster von Bm mit den institutionellen Bedingungen der WfB kollidiert. Dies ist neben dem oben Genannten unter anderem daran erkennbar, daß Bm gerade einen Werkstattwechsel innerhalb des *Netzwerks* hinter sich hat, der aufgrund von Konflikten am vorigen Arbeitsplatz, die offensichtlich keiner Lösung zugänglich waren, stattfand. Auch ist der bereits erwähnte Hinweis des mit Bm relativ kurz bekannten Gruppenleiters, daß Bm in der Gruppendiskussion „alles nur kaputtmache" ein Dokument für eine problematisierende Einschätzung der Institution, die mit Ausgrenzungspraktiken auf ein Verhalten reagiert, das als abweichend wahrgenommen wird. Es ist davon auszugehen, daß eine *Gruppe* mit ähnlichen Orientierungen wie bei Grenzgänger Bm eher *außerhalb* der WfB anzutreffen ist, etwa innerhalb der Obdachlosen-Selbsthilfegruppen.

42 Es ist dem methodischen Instrumentarium des hier verwendeten Gruppendiskussionsverfahrens zu verdanken, daß solche Besonderheiten nicht nur auf semantischer, sondern auch auf formaler Ebene offensichtlich werden können, insbesondere weil das Turn-Taking durch die Diskursteilnehmer selbst strukturiert wird und nicht durch den Interviewer.

sierungsmetapher führt, soll dieser Abschnitt hier nachgezeichnet
werden.

Am zieht zur Beschreibung des Besonderen, das die Arbeit in
der *Holzwerkstatt* für ihn hat, seine vorige Beschäftigung in einem
Garten heran:

Gruppe *Risiko*, Passage *Arbeit* (131-145):

```
131  Am:     Und so es (.) det is schon (.) find ick wat (1) ja wat
132          Außerjewöhnlichet wenn man als einziger Rollstuhlfahrer (.) so
133          ne Arbeiten macht. (3) Weil man stellt sich det ja auch
134
135  Y:                       ∟ mhm
136
137  Am:     irjendwie schwer vor über en (.) Feld zu rollen mit en
138          Rollstuhl. (1) weil vor allen Dingen wenns et so en san-
139          sandiget Feld is. (4) Und hier uff der hier in Netzwerk (.) is
140          die Arbeit ooch nich immer leicht als Rollstuhlfahrer; vor
141          allen Dingen wenn man (1) Material (.) von den einen Ort zu 'n
142          andern Ort (.) transportiern m- muß oder soll. (3) Aber ick
143          kriegs geregelt. (6) Is zwar nich manchmal nich (.) einfach
144
145  Y:                       ∟ mhm
```

Das Außergewöhnliche liegt für Am darin, in einem Bereich zu arbeiten, der einen „Rollstuhlfahrer" in besonderer Weise herausfor-
dert: das Fahren auf sandigem Feld, das Transportieren von Gegen-
ständen, d.h. die Überwindung physisch-materieller Widrigkeiten.
Für Am liegt das Besondere offensichtlich in der individuellen
Strategie, die ihn Beeinträchtigungen der körperlichen Beweglich-
keit und Belastbarkeit nicht zum Problem werden, sie „geregelt
kriegen" läßt und die den Zugang zu Bereichen bewahrt, die für
„Rollstuhlfahrer" „außerjewöhnlich" sind.

Diese Orientierung an Aufrechterhaltung von Handlungfreiheit
bekam offensichtlich die Qualität eines impliziten (berufs-) biographischen Entwurfes, indem sie Einfluß auf die wiederholte
Wahl eines solchermaßen herausfordernden Betätigungsfeldes hatte. Die Selbstzuschreibung „Rollstuhlfahrer" ist hier verknüpft mit
einer Haltung, das, was mit diesem Stigmasymbol verbunden ist,
zu überwinden.

Dies ist in Ams Perspektive jedoch nur möglich, wenn die Vorgesetzten ihm die Herausforderung zugestehen:

Gruppe *Risiko*, Passage *Arbeit* (164-179)

```
164  Am:                      (1) Und det hab ick ooch den (.)
165
166  Y:                        L mhm
167
168  Am:    B- Bruno Stiehl und den A- A- August Hebemann jesagt; als ick
169         hier anjefangen hab. (.) Daß ick nich ehm (.) bevorteilt will
170         oder benachteiligt werden will. Ick will jenauso (.)
171         ranjenommen werden wie die. Ick will ooch (.) wenn 's sein muß
172         (.) so anjemacht werden w- wie die. (6) Und (.) det scheint
173
174  Y:                                    L mhm
175
176  Am:    (.) scheint denen (1) damals ganz schön imponiert zu haben als
177         ick det denen jesagt hab und det die nehmen mich nu jenauso an
178         wie alle andern hier.(.) Und (.) meckern mich jenauso an wie
179         alle andern.
```

Das Außergewöhnliche der Bewältigung körperlicher Anforderungen einer *Holzwerkstatt* als „Rollstuhlfahrer" würde durch eine Ungleichbehandlung – verstanden sowohl als Benachteiligung als auch als Übervorteilung – aufgehoben werden. Ausdruck findet für Am die Gleichbehandlung darin, „jenauso ranjenommen (zu) werden wie die", d.h. gleiche Arbeitsaufgaben gestellt zu bekommen, und auch „so anjemacht (zu) werden w- wie die" andern Beschäftigten. Beidem liegt eine Normalitätsorientierung *innerhalb* der institutionell vorgegebenen Struktur der Arbeitsgruppe zugrunde. Ausdruck von Normalität ist für Am die Gleichbehandlung mit denen, die keine „Rollstuhlfahrer" sind. Hierbei ist die von den Gruppenleitern, d.h. den Repräsentanten der institutionellen Norm, aufgestellte Meßlatte sowie deren Umgang mit Am, im Vergleich zu den andern Beschäftigten, entscheidend. So verweist Am explizit auf deren Anerkennung seiner demonstrierten Haltung. Diese Perspektive steht in starkem Kontrast zu jener, die von Bm deutlich wurde, der sowohl im Wohn- wie im Arbeitsbereich gegenüber dem pädagogischen Personal eine eher konfrontantive Haltung einnimmt.

Die Enaktierung der von Am proponierten Orientierung wird jedoch Einschränkungen unterworfen, und genau hierin findet die Gruppe im Diskursverlauf *ihr Thema*:

Gruppe *Risiko*, Passage *Arbeit* (186-226)

```
186  Am:                                    ⌊ Nur ick kann 1- leider als
187       Rollstuhlfahrer nich viel Arbeit machen weil (3) die meiste
188       Arbeit muß im Stehen jemacht werden und da ick ja sitze un-
189       (1) ne gewisse Höhe kann ich nich viel Arbeiten machen.
190
191  Dm:                                                       ⌊ So wie
192       Abladen (.) det Holz abladen kannst de ooch nich (.) vom
193
194  Am:                                              ⌊ pphh
195
196  Dm:  Laster
197
198  Am:       ⌊ ennn kommt druff an wat druff is. (.) Könnt
199
200  Dm:                                    ⌊ (Na)
201
202  Am:  ick schon. (.) Kommt druff an wat
203
204  Dm:                  ⌊ (Gloob ick nich) wenn diesen schweren Bohlen
205       da sind
206
207  Am:          ⌊ also Bohlen bestimmt nicht aber (.) andere Hölzer
208       könnt ick bestimmt abladen.
209
210  Dm:                         ⌊ Jo (.) vielleicht hier diese
211
212  Am:                                       ⌊ Also det
213       müßten wer halt ma ausprobiern. (.) Aber (1) det könnt ick (.)
214       bestimmt. (4) Aber es ko- es kommt halt immer druf drauf an
215
216  Cm:       ⌊ Ja eh s- em na
217
218  Am:  wat bestellt worden is (.) und wat druff is.
219
220  Dm:                         ⌊ (vielleicht Höl-) die Kanthölzer oder
221       (die kleinen    )
222
223  Am:  ⌊ Aber (.) det muß ja nich sein. Ick kann ja dafür (.) ehh
224       andere Sachen mach- eh en- entweder den Wagen (.)
225       runterbringen oder ne Palette ne runterbringen, die ick
226       letzte Mal runtergebracht hab. (1)
```

Am differenziert seine Proposition: Er kann „leider als Rollstuhlfahrer nich viel Arbeit machen". Diese Perspektive wird von der Gruppe geteilt: In der Folge werden exemplarisch an Hand der

Transportarbeit des Holzabladens Ams ‚Inkompetenzen' detailliert
erörtert. Dabei wird diskursiv Schritt für Schritt die nach Schwere-
grad differenzierte Spannbreite der für möglich gehaltenen Teilnahme am Arbeitsprozeß reduziert, bis die Gruppe bei den „Kant-
hölzern", den „kleinen", angelangt ist und das Tätigkeitsfeld des
Transports, das als Beispiel der eingangs gesetzten Proposition
diente, ganz ausgeschlossen wird. Dabei hält Am antithetisch dagegen, die jeweiligen Arbeitsaufgaben „ausprobieren" zu müssen,
worin sich erneut die Orientierung an Handlungsfreiheit dokumentiert. Das Ausweichen auf „andere Sachen", die als Ersatzarbei-
ten („dafür") verstanden werden, setzt sich jedoch im Diskurs
schließlich als handlungsleitende Orientierung durch. Wie sehr
dies geprägt ist von den Perspektiven der Vorgesetzten, verdeutlicht
die anschließende Beschreibung von Cm, der ebenfalls im Hinblick
auf seine physische Konstitution bestimmte Tätigkeiten nicht aus-
führen soll:

Gruppe *Risiko*, Passage *Arbeit* (258-270)

```
258  Cm:    ehh Fritz Goltz und ehhh (1) wer warn noch (1) Ulli Goltz war
259         ja auch ma oben in Holz und er (.) er hatte (.) er war
260         kräftig; des warn Kräftige (.) immer. Die konnten besser hel-
261         (.) immaar abladen. Bloß Bruno (.) Stahl sagte mir immer Cm du
262         nich mit deinem Arm und da (.) hatt er mit (.) und es war da
263
264  Dm:                      ⌊ mhm.
265
266  ?m:                                         ⌊ oah
267
268  Cm:    hab ich zu Bruno gesagt ja und nein (1) ich ich arbeite was
269         andres und (.) ich helfe nich mit des is ich helfe nur mit die
270         Tür aufhalten und ehh (1) des mache ich immer.
```

Auch hier wird innerhalb der (Arbeits-)Gruppe mit physischen
Einschränkungen (Körperkraft) bzw. mit einer zum Fremdiden-
tifikations- und Ausschlußsymbol generierten Gliedmaße („du
nich mit deinem Arm") das Ausweichen auf andere Arbeitsberei-
che begründet. Es bildet sich so eine Hierarchie der Tätigkeiten in
der Werkstatt: solche, die von den „Kräftigen" geleistet werden und
solche, die für die ‚Schwächeren' vorbehalten bleiben, die ersteren

„helfen", wie z.B. „Tür aufhalten". Die normative Setzung und Kontrolle vollzieht sich in der Gestalt von (wohlmeinender) Fürsorglichkeit seitens der Vorgesetzten bzw. über die Internalisierung der Fremdeinschätzung, die exemplarisch nacherzählt wird (261-269).

Dabei übernimmt die Gruppe selbst mit die Funktion, sich wechselseitig in der Befolgung der Orientierungsvorgabe der Vorgesetzten zu bestätigen bzw. zu kontrollieren, was die Kenntnis dessen, ‚wer was kann' und ‚wer was darf' voraussetzt:

Gruppe *Risiko*, Passage *Arbeit* (270-299)

```
270   Cm:                                          Ich des mach
271          ich auch immer. (1) Des is die leichte wenn Tür aufhalten oder
272
273   Dm:                    ⌊ Nur leichte Arbeiten.
274
275   Cm:    em (1) wenn einer was rausbringt (.) dann
276
277   Am:       ⌊ Ob-              ⌊ obwohl manchmal häl- hältst du
278          dich aber och nich dran. Dann machst du ooch diesen kk- kk-
279
280   Cm:                                               ⌊ Ich
281          knack manchma jaa en bißchen jaa aber Am ich (.) helf aber
282          auch nur euch immer und (1) helf dir manchmal oder Dm helf ich
283
284   Am:       ⌊ Ja ⌊ klar.
285
286   Cm:    mal
287
288   Am:    ⌊ Ja wenn ick Hilfe brauche (.) denn (.) ruf ick eben denn (.)
289
290   Cm:                                           ⌊ denn helf ick genau (.)
291
292   Am:    dich oder (.) Udo oder eben nach- eben nachdem wer da iss, wer
293
294   Cm:    denn helf-       ⌊ ja          ⌊ ja          ⌊ det
295
296   Am:    fr- wer frei iss.
297
298   Cm:       ⌊ machen wer schon. (1) Alles klar denn machen wer des
299          immer so und ich helf- (.) ich helfe jedem immer.
```

Wie aus der Analyse einer anderen Sequenz hervorgeht, symbolisiert „kk- kk-" das sogenannte ‚Knacken', ein Arbeitsvorgang während des Abpackens von zu Holzbriketts weiterverarbeiteten

Sägespänen. Cm zeigt offensichtlich mitunter ein von dem ‚Knack-Verbot‘ ‚abweichendes Verhalten‘, indem er die für ihn geltende, der Gruppe bekannte Maxime: „Nur leichte Arbeiten" nicht befolgt, wie nach Cms Proposition antithetisch festgestellt wird. Da die Orientierung an den von den Vorgesetzten aufgestellten Regeln für die Gruppe Geltung hat, kommt es zum Legitimationsbedarf seitens Cm, der auf seine generelle Hilfsbereitschaft gegenüber der Gruppe aufmerksam macht und somit den Konsens im Diskurs wieder herstellt. Mit dem Begriff „Hilfe" ist dabei die Enaktierung wechselseitig aufeinander bezogener Orientierungen angesprochen:

So gilt im Sinne der Orientierung des Sich-Beschränkens die Maxime einer Hilfeleistung gegenüber „Kräftigen" und die Inanspruchnahme von Hilfe durch „Kräftige". Reziprok hierzu gilt für „Kräftige" die Anerkennung der den ‚Schwächeren‘ verordneten Handlungsmaxime („Nur leichte Arbeiten") und die damit verbundene Orientierung, Hilfe zu leisten sowie Hilfe (z.B. „Tür aufhalten") in Anspruch zu nehmen. Mit diesem kollektiven Orientierungsmuster verbunden ist die Orientierung an der Fremdeinschätzung und an den Vorgaben der Repräsentanten der institutionellen Norm.

Zu den „Kräftigen" zu gehören, heißt dabei, die Kontrolle über Physisch-Materielles zu bewahren, eigenständig agieren zu können, zur Verantwortung gezogen zu werden („anjemacht" werden zu können). D.h., hier kommen jene, für die Gruppe gleichfalls geltenden Komponenten des positiven Gegenhorizontes in Betracht. So geht mit dem Helfersystem ein Orientierungskonflikt zwischen Handlungsfreiraum (Autonomie) und Handlungsbeschränkung einher. Dieser Orientierungskonflikt wird durch soziale Anerkennung von seiten der Institution und der Gruppe aufzulösen gesucht, eine soziale Anerkennung, die mit der Befolgung der institutionellen Regeln, mit der Orientierung an den Vorgesetzten, der Ausübung wechselseitiger Kontrolle, der Antizipation und Erfüllung der durch das hierarchische Leistungs- und Helfersystem zu-

geteilten Rolle wirksam wird. Sich in diesem System zurechtzufin-
den, sich daran anzupassen, das gehört zu dem Prozeß des ‚Sich-
Einlebens' in die Institution WfB, wie er im Diskurs gleich zu Anfang angesprochen wurde. Dieses Orientierungsmuster steht auch
in Zusammenhang mit der Orientierung, den Status Quo zu erhalten, denn in der Perspektive der Gruppe droht sich die Hierarchie
zwischen jenen, die als „Kräftige" an allen Arbeitsabläufen teilnehmen können, und jenen, die aus bestimmten Teilbereichen ausgeschlossen werden, nach unten fortzusetzen, d.h. in Richtung Ar-
beitslosigkeit: Auf der einen Seite sind die Beschäftigten der WfB,
auf der anderen Seite die Arbeitslosen.

Auch in der Gruppe *Money* werden die Beschäftigten dichotom
unterschieden, wie die folgende Passage zeigt. Hier diskutiert die
Gruppe die Konsequenzen, die es hat, wenn Bm die WfB wegen eines Erziehungsurlaubs verläßt:

Gruppe *Money*, Passage *Kündigung* (70-84)

```
70  Cm:                                    ⌊ Die guten Leute gehn
71        wa? (.) Die schlechten kommen.
72
73  Am:      ⌊ Abber
74
75  Bm:                        ⌊ ((lacht kurz)) @Hey habter
76
77  Am:                              ⌊ ((lacht kurz))
78
79  Bm:   keenen mehr der mit un- sich mit der Maschine auskennt hä?@
80
81  Cm:                                            ⌊
82        Ach du Scheiße.
83
84  Am:        ⌊ Macht Erwin denn. (.) Mit Karl.
```

Während die Gruppe *Risiko* entlang des Kriteriums der physischen
Konstitution Differenzen unter den Beschäftigten charakterisiert,
unterscheidet die Gruppe *Money* zwischen „guten" und „schlechten" Leuten. Dabei wird das Kriterium des ‚Sich-Auskennens', also
der Qualifikation, als Komponente des positiven Gegenhorizontes
erneut herausgearbeitet: Bm, der Pläne hegt, die WfB zu verlassen,
gehört zu den „guten Leuten"; er ist einer, der „sich mit der Ma-

schine auskennt" (vgl. hierzu auch den Wunsch von Bm der Gruppe *Risiko*, „an die Maschinen ran(zu)kommen"). Das Verlassen der
WfB wird hier, im Gegensatz zur Gruppe *Risiko*, nicht als Abstieg
gedeutet, sondern als ein Weg, den „die guten Leute" einschlagen,
im Gegensatz zu jenen „Schlechten", die in die WfB kommen. Damit repräsentieren die Beschäftigten wie auch die Institution WfB
einen negativen Gegenhorizont. Daß dieser Betrachtungsweise
auch etwas Ambivalentes anhaftet, wird deutlich in dem Lachen
und dem sich anschließenden ernsthaften Problemlösungsversuch,
wie Bms Qualifikation durch andere ersetzt werden kann. Diese
Zwiespältigkeit in bezug auf die Beschäftigung in der WfB war bei
der Gruppe zuvor schon aufgefallen (vgl. z.B. Anfangssequenz
nach Ausgangsfragestellung). Insbesondere die Fokussierungsmetapher *Zukunft*, die im Folgenden vorgestellt werden soll, gibt darüber weiter Aufschluß.

In dieser Passage läßt die Gruppe *Money* – ähnlich der Gruppe
Risiko – das von Y initiierte Thema *Zukunft* zugunsten des Themas
Arbeit frühzeitig fallen:

Gruppe *Money*, Passage *Zukunft* (4-34)

```
4    Y:    Und wie seht Ihr so die Zukunft? Wenn Ihr in die Zukunft
5
6    Cm:                                      └ thh
7
8    Y:    schaut, was habt Ihr so für Vorstellungen, was Ihr so
9
10   Am:                                  └ So wie wir den Staat jetzt
11
12   Y:    was Ihr so machen wollt oder machen werdet und was wie's so
13
14   Am:   haben, wi-
15
16   Y:    sein wird,
17
18   Am:                └ Na, so wie der Staat aussieht, (.) gloob ick gloob
19
20   Y:                                           └ na soo
21
22   Am:   ick der der Staat ehhm würde würde würde uns jar ni ehhh
23         apzeptiern. (.) Gloob ick jedenfalls; dat uns der Staat ni
24         apzeptiert. (2) Weill (7) ((Luftholen)) jetz (wolln) wer jaa
25         Lohnerhöhung kriegen und so (10) na m
26
```

```
27   Y:                            └ mhm    └ Wie seht Ihr des?
28
29   Bm:                                                    └ Ick?
30
31   Cm:                                                               └
32          phhh
33
34   Bm:        └ Em sagen wer mal, wir werden underbezahlt.
```

Die von Y gestellte, Passiv- und Aktivform einschließende, ausführliche Frage[43] wird zunächst in allgemein-theoretischer Form
bearbeitet: Unter Standpunktmarkierung (18/23) verweist Am zunächst auf die Gesamtgesellschaft der Gegenwart und proponiert
im Konditionalsatz: „der Staat (...) würde uns", also die Erfahrungsgemeinschaft, der Am sich zurechnet, „jar ni ehhh apzeptieren". Die syntaktische Unvollständigkeit dieses Satzes (23) ist eine
formale Widerspiegelung der Proposition: Da vom personalisiert
erscheinenden „Staat" generell keine Akzeptanz erwartet wird, erübrigt sich die Formulierung von zukunftsbezogenen Handlungsentwürfen, scheint ihre Umsetzung doch zum Scheitern verurteilt.
Die Wiederholung der Formulierung in Gegenwartsform betont
diese Proposition. Im Folgenden konkretisiert Am: Die fehlende
Akzeptanz zeigt sich in der zu geringen Entlohnung der Beschäftigten, die eine Forderung nach Lohnerhöhung nötig macht, als Voraussetzung, um Handlungsentwürfe mit Chancen auf Realisierung
überhaupt entwickeln zu können.

Die erneute Frage durch Y, adressiert an die andern der Gruppe,
ist insofern offen, als unklar ist, was Y mit „des" meint: die Zukunft, die fehlende Akzeptanz durch den „Staat" oder die Lohnerhöhung. Umso aussagekräftiger für die Gruppe ist, daß die Frage,
wie in der Anschlußproposition zum Ausdruck kommt, auf das
Thema der Entlohnung, und damit auf die gegenwärtigen Bedin-

---

43 Wie Sacks (1995) herausgearbeitet hat, signalisieren Fragen, die aus Aneinan-
derreihungen bzw. Kombinationen mehrerer Aspekte der Fragestellung bestehen,
den Adressaten, daß ihnen unterschiedliche Möglichkeiten und Richtungen der Beantwortung offenstehen. Diese Frageform initiiert verstärkt Beschreibungen und
Erzählungen (vgl. Bohnsack 1998). Allerdings wäre in dieser Sequenz mit dem
Turn-Taking von Am in Zeile 10 ein zügiger Abschluß des Frageturns durch Y ange-
messener für die Gruppendiskussion gewesen.

gungen der Beschäftigung bezogen wird. In Übereinstimmung mit
der Eingangsproposition evaluiert Bm für die Gruppe („wir") die
Lohnverhältnisse als Unterbezahlung.

Offensichtlich bereitet das Thema *Zukunft* auch der Gruppe
Money einige Schwierigkeiten, die vermutlich mit der impliziten
Frage eines biographischen Planungshorizontes in Zusammenhang
stehen. Parallelen zur Gruppe *Risiko* liegen zum einen in der glei-
chermaßen theoretischen, allgemeinen Ausgangsbetrachtung ge-
genwärtiger Verhältnisse, zum andern in einer eher pessimistischen
Perspektive, die in der Zukunft keinen Raum für gestalterische
Handlungsentwürfe findet[44]. Das Schicksalhafte, das die Gruppe
Risiko in der Metapher einer Berg-Tal-Fahrt, einer zyklisch auftre-
tenden allgemeinen Aufwärts- und Abwärtsbewegung, formulierte,
hat hier die Gestalt des abstrakt bleibenden „Staat(es)". Die
biographischen Entwürfe bleiben in beiden Gruppen mit der Vorstellung der Erhaltung des Arbeitsplatzes bzw. mit der Forderung
nach Lohnerhöhung eher implizit. Hierin unterscheiden sie sich
von Bm der Gruppe *Risiko*, der in Anschluß an die Frage nach den
Zukunftsvorstellungen einen vergleichsweise handlungsorientier-
ten biographischen Entwurf darlegt (Suche nach einem „normalen" Job etc.).

Des weiteren ist die gleiche thematische Fokussierung auf den
Bereich des Arbeitslebens auffallend. Bei der Gruppe *Money* zeichnet sich hier, im Gegensatz zur Gruppe *Risiko*, eine Auseinandersetzung mit strukturellen Bedingungen (ähnlich Bm,
Gruppe *Risiko*) ab sowie ansatzweise, in der Gegenüberstellung von
„Staat" und „uns", eine gesellschaftliche Positionierung der Gruppe
der WfB-Beschäftigten.

---

44 Beim Vergleich der Transkripte der beiden Gruppen bei dieser Thematik sind
interessante Ähnlichkeiten zu entdecken, v.a. im Vorfeld der endgültigen Etablierung des Themas *Arbeit*: die Ausdehnung der Pausen sowie eine gewisse Ratlosigkeit
in der weiteren Bearbeitung des Themas *Zukunft*: „(10) Aber (.) phh sonst soo"
(Am, Gruppe *Risiko*) und „(7) ((Luftholen)) jetz (wolln) wer jaa Lohnerhöhung
kriegen und so (10) na m" (Am, Gruppe *Money*).

Im Folgenden diskutiert die Gruppe dann eine Alternative zur Tätigkeit in *Netzwerk*:

Gruppe *Money*, Passage *Zukunft* (44-86)

```
44   Bm:                      L Und die ham hier vierzig
45        Prozent ge-kürzt weil nich so viel Aufträge sind
46
47   Y:                                        L mhm
48
49   Bm:   ((Name)) und ((Name))
50
51   Cm:                       L hmm
52
53   Bm:                        L In der ZG-Allee
54        verdienste mehr; bis zum
55
56   Cm:                          L Da mußte arbeiten; da krieste Geld
57
58   Bm:                               L Da mußte arbeiten
59        bis de umfällt
60
61   Am:                  L (Grad ni) bis ZG-Allee Mensch!
62
63   Cm:                               L Wieso denn?
64
65   Bm:                                L NA ICK HAB ENE
66
67   Am:                                 L Wieso denn.
68
69   Bm:   DIE VERDIENT FAST TAUSEND MARK IM MONAT SELBER (.) phhh
70
71   Cm:              L Da kriest        L Ja da krieste
72        Arbeit Junge, da kriese nachher ne Menge da kriese ne Menge
73        Geld
74
75   Bm:            L Die arbeitet in ner (.) Ma-schine und die macht jeden
76        Tag (2) jeden je-jee-den Tag mehr als wie de kieken kannst.
77
78   Cm:                               L Da kriese det da kriese
79        det GELD ALTER! (2) Haste bald zu (      )
80
81   Bm:                       L Ick mu- ick mußte manchma drei
82        Arbeiten in de ZG-Allee machen. (.) Emal verpacken, emal
83
84   Am:                                L Weeßte
85
86   Bm:   Transport und
```

Vor dem Vergleichshorizont einer anderen WfB wägt die Gruppe hier Möglichkeiten der Veränderung der persönlichen Situation

angesichts einer als unbefriedigend erlebten Entlohnung ab. Die
weiter oben bereits angesprochenen Komponenten des positiven
Gegenhorizontes der Gruppe: ‚angemessene Entlohnung‘ und
‚qualifizierte Arbeitsangebote‘ werden weiter herausgearbeitet. In
der Vergleichswerkstatt liegt die Entlohnung höher, wie Bm aus Berichten einer Bekannten sowie aus Eigenerfahrung unter Bestätigung durch Cm erläutert. Der Mehrverdienst steht in Zusammenhang mit der höheren Auftragslage, die ermöglicht, „mehr als wie
de kieken kannst" zu (er)arbeiten. Die Anforderungen gehen dabei
bis an die Grenzen körperlicher Leistungsfähigkeit: „bis de umfällt". Die durch Am geäußerte Antithese (61) gegenüber dem als
positiv dargestellten Vergleich der genannten WfB, treibt den Diskurs dieser Passage zu einem ersten dramaturgischen Höhepunkt,
bei dem die Komponenten ‚hoher Eigenverdienst‘ durch ‚gute Auftragslage‘ an Hand von Beispielen weiter elaboriert werden.

   Im Folgenden entspannt sich eine Diskussion zur Frage des Re-
alwertes, den der zusätzliche Eigenverdienst haben würde:

Gruppe *Money*, Passage *Zukunft* (84-105)

```
84   Am:                                          ⌊ Weeßte
85
86   Bm:    Transport und
87
88   Am:    wat de mit tausend Mark anfangen kannst. Cm?
89
90   Cm:                                    ⌊ Wohl wat Schönet
91          koofen!
92
93   Bm:      ⌊ Tja aber dafür mußte von den tausend Mark Deine
94
95   Am:                                          ⌊ Jaa.
96
97   Bm:    Miete und so be- selber bezahlen
98
99   Cm:             ⌊ Deine Mie- Deine Miete mußte ooh noch zahlen.
100
101  Am:                                          ⌊ Jaa.
102
103  Cm:    ja.
104
105  Bm:      ⌊ Kriest nich mehr em von Sozialamt zu;
```

Da der Zusatzverdienst für Kosten, die vom Sozialamt dann nicht mehr getragen werden, verwendet werden muß, führt die höhere Entlohnung nicht zu einem Mehr an finanzieller Verfügbarkeit. Damit wird der Sinn eines theoretisch durchgespielten Wechsels zu einer anderen WfB bzw. die zusätzlich zu leistenden Anstrengungen zur Verbesserung des Gehalts ad absurdum geführt. Hier wird deutlich, daß die Gruppe nicht einfach nur an einem höheren Verdienst orientiert ist, sondern daß es ihr darum geht, damit etwas „anfangen" zu können. D.h., es geht eigentlich um die Verbesserung der persönlichen Lebensverhältnisse, um größere Handlungsfreiheit und Gestaltungsräume. Die Gruppe nimmt hier die Perspektive von Sozialhilfeempfängern ein, die abwägen, ob sich für sie reale Verbesserungschancen durch Veränderungen in bezug auf eine Beschäftigung auftun.

Mit dem Vergleich einer anderen WfB geht die Gruppe *Money* im Gegensatz zur Gruppe *Risiko* über das engere institutionelle Geflecht des Trägers hinaus. Sie verbleibt jedoch, was die in Betracht gezogenen Handlungsmöglichkeiten angeht, innerhalb des vorgegebenen pädagogischen Sonder-Arbeitsmarktes, obgleich sie sich ähnlich kritisch mit der eigenen Entlohnung auseinandersetzt wie Bm der Gruppe *Risiko*, der einen ‚normalen Job' auf dem allgemeinen Arbeitsmarkt als Zukunftsperspektive anpeilt.

Im Folgenden, initiiert durch eine Frage von Am, dem Kerncharakter der Gruppe, wird hypothetisch durchgespielt, wie zwanzigtausend Mark sinnvoll zu verwenden wären:

Gruppe *Money,* Passage *Zukunft* (126-180)

```
126  Bm:    ⌊ Ne Weltreise
127
128  Cm:                            ⌊ Oder Australien fährste hin
129         Jung
130
131  Bm:      ⌊ oder Australien (nei) ne Weltreise!
132
133  Am:    Nich weiler weiler damals nich wußte, weiler damals nich wußte
134         wat er mit zwanzigtausend Mark anfangen wollte.
135
136  Bm:                                        ⌊ Weeßt Du denn
```

```
137        watde mit zwanzigtausend Mark anfangen sollst?
138
139  Am:                                      ⌊ (Na-türlich!) (.) Würd
140
141  Bm:                                                ⌊ Ja in Pu-
142
143  Am:   mir erstmal würd ick erstmal einrichten. Würd ick mir erstmal
144
145  Bm:   in                      ⌊ inen Puff geben.
146
147  Am:   einrichten. (1) Erstma neu einrichten, (.) ne ehn nn die weiße
148
149  Cm:                      ⌊ Och Gott.
150
151  Am:   Tapete runter, und denn ne schöne bunte ran, (.) n-n-
152
153  Cm:                                        ⌊ Und denn ne
154        Goldtapete; (lacht kurz)
155
156  Am:                          ⌊ bunte ran, (.) oder Maler besorjen,
157        (.) von von det Jeld, (.) von zwanzigtausend, (.) für'd
158
159  Cm:                      ⌊ (Hörbares Luftholen)
160
161  Am:   viertausend Mark die ha- viertausendfünfhundert Mark (.)
162
163  Cm:                      ⌊ Kannste kannste Akte koofen.
164
165  Am:   kostet dette.
166
167  Bm:                  ⌊ Em kommt drauf an wieviel Quak-dratmeter dit
168        sind.
169
170  Cm:   ⌊ Stimmt.
171
172  Am:          ⌊ Najaa kommt druff an, (.) wenn man (die) samaa
173        samal samaal (.) achttausend denn; oder so. (.) Achttausend
174
175  Cm:                          ⌊ ((fortwährendes Klappern mit
176        Stift))
177
178  Am:   laß ick mir noch jefallen. (1) Achttausend und det andere (.)
179        würd ick erstma naa- (.) würd ick mer uff de Seite (.) packen,
180        und und (.) @eh vermehrn lassen,@ (2)
```

Wenngleich die Bearbeitung der Frage einer sinnvollen Verwendung von zwanzigtausend Mark fiktiven Charakter hat, geht es hier um den Bezug zur Realität, und zwar zur Realität jenseits der durch die WfB bzw. den Sonderarbeitsmarkt gesetzten Bedingungen mit entsprechend geringer Entlohnung und einem Status als Sozialhilfeempfänger. Wechselseitig testet und demonstriert die Gruppe die soziale Fähigkeit, die sich mit finanziellen Mitteln eröffnenden Handlungspotentiale zu erkennen und ein ,normales' Leben handlungspraktisch meistern zu können. Exemplarisch werden Verwendungsmöglichkeiten genannt, die zum einen auf Erleben und Entdecken von Unbekanntem abzielen („ne Weltreise" oder „in Puff geben") und die zum andern an ein (klein)bürgerliches Leben orientiert sind (die Wohnung „neu einrichten", Inanspruchnahme von handwerklichen Dienstleistungen und längerfristige Kapitalanlage). Phantasie, Kalkulation und ein Planungshorizont in Sachen Finanzen werden hier als Formen eines ,Sich-Auskennens' bzw. einer Normalitätsorientierung über den Bezugsrahmen sonderpädagogischer Institutionen hinaus demonstriert. Sie bilden Komponenten des positiven Gegenhorizontes, deren Enaktierungspotentiale in Frage stehen:

Gruppe *Money*, Passage *Zukunft* (234-242)

```
234  Am:                         ∟ Jaa! (3) (doll) (2) hab schon
235       geträumt: ((trinkt)) aber det kommt nich in Erfüllung. Geht ni
236       in Erfüllung.
237
238  Cm:                  ∟ Scheiße. (3)
239
240  Am:                            ∟ Dazu hamse (den) dazu sind die
241       Wege soo (2) so verbaut. (2) Der Staat will det jarni (.) dat
242       man selbständig wird, ssind se schon so viele selbständi-
```

Das hypothetische Durchspielen von Handlungspotentialen, die sich mit der Verfügbarkeit von finanziellen Mitteln eröffnen, liegt im Bereich des Träumens, „geht ni in Erfüllung", ist also vom eigenen Handeln nicht beeinflußbar. „Dazu hamse (den) dazu sind die Wege soo (2) verbaut", wie Am auf eine Verlaufskurvenentwicklung, die bis in die Gegenwart hineinragt, als Grund für die Unerreichbarkeit der diskutierten Vorstellungen hinweist. Die Gestalt der Passage schließt sich, Am kommt nun wieder auf den „Staat" zu sprechen, der Komponenten eines negativen Gegenhorizontes – wenn auch hier auf abstrakter Ebene – repräsentiert. Dazu gehört das Beengt- und Beschränktwerden bzw. die Ablehnung, „dat man

selbständig wird", wobei „man" (wie schon in der Eingangsproposition der Passage) sich generalisierend auf jene soziale Gruppe bezieht, der Am sich selbst zurechnet: die auf der Grundlage des Eti-
ketts ‚Behinderung' gesellschaftlich Ausgegrenzten. ‚Selbständigkeit' meint dabei autonome Lebensführung und Gestaltungs-
freiraum – jenseits des Sonderarbeitsmarktes – als Komponenten
eines positiven Gegenhorizontes. Für deren Enaktierung werden
jedoch keine realen Chancen gesehen, wie folgende Sequenz konkretisiert:

Gruppe *Money,* Passage *Ausgrenzungserfahrung* (143-159)

```
143  Am:   Wenn ick jetz zum Arbeitsamt hingehn würde und sag ick will
144        Umschulung machen. (1) jaa (1) des sin bin ick ja schon zu
145        alt!
146
147  Y:        ⌊ mhm (2)
148
149  Am:             ⌊ Bin ick zu alt für.
150
151  Bm:                      ⌊ Ja im Kopf lernen!
152
153  Am:                            ⌊ Und denn Sie
154        ham noch keene Umschulung gehaabt. (.) Würdet denn würdet denn
155        heißen. (6) Keene Umschulung. (.) Nach dem neuen Gesetz wat da
156
157  Y:                  ⌊ mhm
158
159  Am:   rausgekommen is (6) wird immer beschissener.
```

Am beschreibt hier das Fortbestehen einer beruflichen Verlaufskurvenentwicklung, eines circulus vitiosus, dem er sich ausgesetzt fühlt: Eine „Umschulung" würde aufgrund des fort-
geschrittenen Alters und fehlender Erstausbildung von
institutioneller Seite nicht durchgeführt. Auch die – offensichtlich
genau verfolgte – Entwicklung gesetzlicher Rahmenbedingungen
wird als zunehmend „beschissener" evaluiert. Angesichts der
Nichtentsprechung berufsbiographischer Ablaufmuster bleibt in
der Perspektive der Gruppe nur die Alternative: „Ja im Kopf lernen!", d.h. die Orientierung an einer Berufsausbildung bzw. einer
(sichtbaren) Statusveränderung zwar fallenzulassen, sich aber weiter Neues anzueignen, zu „lernen". Hier taucht wieder die Kompo-

nente des ‚Sich-Auskennens' auf, die im Gegensatz zu der Orientierung an beruflicher Qualifikation bzw. an einer Tätigkeit *außerhalb* der Institution WfB in der Perspektive der Gruppe Enaktierungspotentiale birgt. Diese Ambivalenz zwischen enaktierungsfähigen Orientierungen und solchen, deren Enaktierung gehemmt und beschränkt werden, ist charakteristisch für die Gruppe *Money*. Dies dokumentierte sich schon an der Diskussion der aussichtslosen Konsequenzen einer höheren Entlohnung. Auch bei der Gruppe *Risiko* ist eine Orientierung an Handlungsautonomie festzustellen, deren Enaktierung behindert wird. Unterschiede liegen jedoch auf der Ebene des Bezugsrahmens, innerhalb dessen diese Orientierungen bearbeitet werden. Während die Gruppe *Risiko* in ihrer beruflichen Orientierung über die Perspektive der Arbeitsgruppe nicht (mehr) hinausgeht, ist eine Orientierung über den institutionellen Rahmen der WfB hinaus bei der Gruppe *Money* deutlich erkennbar, wenn sie auch nur begrenzt handlungsrelevant werden kann. Bei Bm der Gruppe *Risiko* schließlich ist eine enaktierungsfähige Handlungsorientierung hin zu nichtinstitutionellen Bereichen zu verzeichnen, die dementsprechend konfliktträchtige Auseinandersetzungen mit den sonderpädagogischen Institutionen nach sich zieht.

6.2.2   *Ausgrenzungsprozesse und ‚Behinderung'*

Im Folgenden möchte ich wesentliche gruppenspezifische Deutungsmuster von ‚Behinderung' und Ausgrenzungserfahrung sowie deren Genese darstellen. Dabei geht es auch um die Bezüge, die diese zu den bisher herausgearbeiteten Orientierungen haben.

In der Gruppendiskussion der Gruppe *Money* kommt es nach einer von Y gestellten Frage nach Ausgrenzungserfahrungen[45] zu folgender interaktiv hervorgebrachten Proposition:

---

45 Ich stellte die Frage: „Habt Ihr schon mal so Leute erlebt, die was gegen Behinderte haben?". Es ließe sich gegen eine so formulierte Frage einwenden, daß sie als eine Etikettierung der Gruppe mit der Kategorie ‚Behinderte' verstanden werden kann. Ich habe mich für diese Form deshalb entschieden, weil sie an dem gängigen Sprachgebrauch – auch unter den Beschäftigten der WfB – anknüpft. Zum andern ist mit dieser Fragestellung noch nicht festgelegt, ob die Gruppe als Betroffene oder als Beobachter angesprochen ist. Dies wird in einer weiter unten behandelten Sequenz der Gruppe *Risiko* deutlich.

Gruppe *Money*, Passage *Ausgrenzungserfahrung* (24-48)

```
24  Cm:                                        Beispiel hast mit
25
26  Y:                              L mhm
27
28  Cm:   Arm oder mit de Beene. (1) oder so hä. ((macht bewegte
29
30  Y:                              L mhm
31
32  Cm:   Grimasse)) @bisten Spastiker@ ((lacht))
33
34  Bm:                      L ((lacht))
35
36  Am:                              L Na wenn Du Dich normal
37        vonhältst, wenn Du Dich normal verhältst dann merkt man gar
38
39  Cm:                                              L Dann
40
41  Am:   nicht daß De (       ) wie so (vo-all vo-allen) merkt man gar
42
43  Cm:   bist dann biste normal.        L hhäännng
44
45  Am:   nicht daß De behindert bist.
46
47  Cm:                              L Ick weeß ja auch nich warum wir
48        hier sind. (1) Wir sind
```

Exemplarisch veranschaulicht Cm verbal wie habituell Ausgrenzungsprozesse, die bei physischen und motorischen Auffälligkeiten
auftreten, auf dem Wege einer als diskreditierend wahrgenommenen Fremdzuschreibung: „bisten Spastiker". Im Laufe der Demonstration solcher Prozesse nimmt Cm in Interaktion mit Bm
die Perspektive der Etikettierer ein, wie auch mit dem gemeinsamen Lachen deutlich wird. Diese Mehrdeutigkeit der Darstellung
bekommt in der Weiterbearbeitung des Themas etwas klarere Züge: Die Kategorie ‚Behinderung' wird vor dem Vergleichshorizont
des ‚Normalen' als eine soziale Perspektive verstanden, als interaktiv bedingte Fremdzuschreibung, die bei einem Verhalten, einem
Habitus, der als „normal" eingestuft wird, nicht vorgenommen
wird: „dann biste normal". Sich so zu verhalten, daß „man gar
nicht" „merkt", daß „De behindert bist", sich also „normal" zu verhalten, diese Orientierung an Normalität war als Komponente des
positiven Gegenhorizont u.a. schon bezüglich der Beschäftigung

und Entlohnung (Alternativen zur Tätigkeit bei *Netzwerk*, Unterbezahlung) erkennbar geworden. Dazu kann auch gehören, selbst
über habituelle Auffälligkeiten anderer zu lachen. Angesichts einer
Orientierung an Normalität wird für die Gruppe das ‚Hiersein' in
der WfB, einer Institution ‚für Behinderte', abgesondert von den
‚Normalen', fragwürdig. Es wird damit auch nochmals ersichtlich,
daß die Beschäftigung in der WfB als eine fremdbestimmte berufsbiographische Entscheidung erfahren wird.

An Hand einer Erzählung von wiederkehrenden Interaktions-
verläufen in einem öffentlichen Verkehrsmittel – dem Schulbus –
verdeutlicht Am Ausgrenzungsprozesse, deren Anlaß die Zuordnung zu einer sonderpädagogischen Institution, und damit zur
Stigmagruppe der ‚Behinderten' ist:

Gruppe *Money*, Passage *Ausgrenzungserfahrung* (50-77)

50	Am:	∟ Also bei mir bei mir hamse damals (.) damals (bin)
51		ick aus dem Bus; seitdem fahr ick nich mehr mit dem Bus. Alsoo
52		
53	Y:	∟ mhm
54		
55	Am:	n mit em (.) mitem Schulbus (als ick) immer vorne jefahrn bin;
56		hamse mi immer <u>verarscht</u>. Mit den mit den (.) <u>sone Bekloppten</u>
57		<u>jehst Du?</u> Du siehst jar ni so aus und
58		
59	Cm:	∟ Jaja so ungefähr jaja.
60		
61	Am:	∟
62		Da hab ick jesacht naja <u>von wegen</u> ja;
63		
64	Cm:	∟ Kieck doch selber an
65		mußte sagen. (.) Da weißte wie de aussiehst. (2) Wenn du ma
66		
67	Am:	∟ Hab ick
68		
69	Cm:	werden würdest. Würd ick sagen.
70		
71	Am:	grade en großen Bogen gemacht. (2) Du ooch?
72		
73	Bm:	∟ mhm
74		
75	Cm:	∟ Is ehh is nich
76		bei bei is nich bei (ihm) is bei <u>jedem</u> so! (.) Die behindert
77		sind; (.) die normal sind (werden) ausgelacht thh

Am, der hinsichtlich des individuellen Aussehens und Verhaltens
offensichtlich Normalitätsvorstellungen entspricht (57), sieht sich
aufgrund einer sozialen Verortung in einer Institution, die in der
Perspektive der Schüler von „Bekloppten" besucht wird, einer wiederkehrenden, massiven Diskreditierung ausgesetzt: Die Schüler
haben ihn „immer verarscht". Am distanziert sich nicht von der
Stigmagruppe (vgl. 62), sondern zieht „seitdem" – d.h. ab einem
bestimmten Grad an Unerträglichkeit des Interaktionsverlaufes –
eine sozialräumliche Grenze, „en großen Bogen" gegenüber den
Etikettierern. Die Erfahrungen der Gruppe in bezug auf Ausgren-
zungen dieser Art sind nicht nur strukturidentisch, „Jaja so unge-
fähr jaja", „Du ooch? – mhm", sondern sie werden als verallgemei-
nerbar gesehen: „is bei jedem so! (.) Die behindert sind". Mit dieser
Formulierung wird einerseits eine Selbstzuschreibung einer ‚Behinderung' im Sinne eines ‚Seins', einer Entität, zum Ausdruck gebracht. Andererseits konstituiert sich über solche Ausgrenzungsprozesse auch das, was als ‚Behinderung' gedeutet wird bzw. die
Einteilung in ‚Normale', die ‚verarschen' versus ‚Behinderte' als die
von Diskreditierung Betroffenen. Des weiteren wird (implizit) vor-
geschlagen, Ausgrenzungspraktiken mit dem Hinweis einer Zer-
brechlichkeit des ‚Normalseins' und mit der Forderung nach
Perspektivenübernahme abzuwehren: „Kieck doch selber an (...)
Wenn du ma werden würdest".

‚Nicht-behindert-Sein' als ein fragiler Zustand, darauf verweist
auch Bm der Gruppe *Risiko*, allerdings aus einer anderen Perspektive:

Gruppe *Risiko*, Passage *Unfall* (39-67)

```
39  Bm:                                           Darum
40      finde ich das nicht gut wenn man eh über Rollstuhlfahrer
41      meckert, (.) oder überhaupt über die Behinderte, ick meine
42
43  Y:          ⌊ mhm
44
45  Bm:   wenn man muß sich immer vor Augen halten, wenn man wenn des
46      einem selber mal so ergeht. Man kann froh sein, daß man laufen
47
48  Dm:                                    ⌊ mhm
```

```
49
50   Bm:     kann, aber wenn man nicht aufpaßt, kann man schneller im
51           Rollstuhl sitzen als man denkt. (.) Oder en Bein abgehackt
52           kriegen oder wat wi- oder wie auch immer.
53
54   Am:                            L Ick finde sowieso daß manche
55           ers-
56
57   Bm:     L Weil da kann ich en bißchen sauer werden da bei sowat.
58
59   Am:                                              L Ick
60           finde sowieso daß ehh (.) die Leute mal sich für een Tag
61           (oder) (.) für een Tag mal von morgens bis abends mal in son
62           Rollstuhl setzen sollten, daß se mal so en n Gefühl kriegen
63
64   Y:                                L mhm
65
66   Am:     wie et is, in so en (.) Ding zu sitzen und (.) zu sehn wie et
67           is wenn man auf Hilfe anjewiesen is.
```

Es wird erkennbar, daß Bm sich nicht zu den „Behinderten" zählt,
wenngleich er diese Zuschreibungskategorie verwendet, und zwar
im Sinne einer Bezeichnung von Personen mit physisch sichtbarer
Beeinträchtigung, die als ein möglichst zu vermeidendes Erleiden
betrachtet wird. Ähnlich der Gruppe *Money* klagt auch Bm von
demjenigen, der „über Behinderte" „meckert", eine Perspektivenübernahme ein, die er gleichzeitig selbst demonstriert. Die Argumentation verweist auf die als hoch eingeschätzte Gefahr, selbst in
die Gruppe der Diskreditierten zu gelangen, nämlich „schneller"
„als man denkt". Die Ursache wird, ganz gemäß einer zentralen
Komponente des Orientierungsrahmens von Bm, in den Bereich
persönlicher Verantwortung gelegt: „wenn man nicht aufpaßt",
d.h. auch, wenn man die Kontrolle verliert.

Am formuliert aus der Betroffenenperspektive den Gedanken
der Einforderung einer Perspektivenübernahme von denjenigen,
die diskreditieren, weiter aus, indem er eine erfahrungsgebundene
Vermittlung dessen, „wie et is, in so en (.) Ding zu sitzen", vorschlägt. Zu dem „Gefühl" von Unannehmlichkeit kommt die Perspektive eines Auf-Hilfe-Angewiesenseins als Charakteristikum
von ‚Behinderung' hinzu, als Komponente des negativen Gegenho-

rizontes. Erneut tritt hier implizit das Dilemma einer Enaktierungshemmnis der Orientierung an Autonomie auf.

Die Perspektive eines Auf-Hilfe-Angewiesenseins gehört in der
Gruppe *Risiko* zum konjunktiven Erfahrungsraum, entweder auf
der Grundlage einer homologen Erfahrung oder auf dem Wege der
Verständigung. Nachdem Cm gemeinsam mit Dm erläutert hat,
daß er nicht „knacken" darf, weil sein Arm „leicht auskugelt",
kommt die Gruppe auf „Anfälle" zu sprechen:

Gruppe *Risiko*, Passage *Knacken* (41-63)

```
41  Cm:                    S- ma- da hab ich en Anfall gehabt.
42       da is mir die Kugel raus. ham se mich dann mit der Feuerwehr
43       ins Krankenhaus gebracht. hier ins SL-. meine Eltern haben
44       mich denn abgeholt. (.) is mir so oft schon passiert; zu
45       Hause; ob ich (1) auch und hier schon oft ist ist mir des
46
47  Dm:              ⌊ mhm
48
49  Cm:  schon passiert. (2)
50
51  Dm:  ⌊ Stimmt.
52
53  Am:                  ⌊ Ich bin och Eleptiker wie eh Dirk. (.)
54       abber (.) des is bei Eleptikern gibts da verschiedene Anfälle;
55       also (.) er hat andere Anfälle und ick hab andere Anfälle. Bei
56       mir iset so wenn ick en (.) ick krieg Anfälle wenn isch mich
57       zu sehr überanstrenge. also zu zu-sehr mich reinknie in die
58       Arbeit. oder wenn ich mich (.) über wass (.) zu-sehr aufgeregt
59
60  Y:                                        ⌊ hm
61
62  Am:  hab. (1) und dann kann des passiern daß ich auch Anfälle
63       krieg; oder wenn ich zuwenig Schlaf hatte.
```

Am übernimmt die medizinischer Diagnostik entstammende
Fremdzuschreibung „E(pi)leptiker", die mit dem Symptom „Anfälle" charakterisiert wird. Sich „zu sehr" „reinknien", „aufregen",
„überanstrengen" („knacken") kann zu einem vollständigen Kontrollverlust („Anfall"), zu einem Extrem eines Auf-Hilfe-Angewiesenseins („Feuerwehr") führen. Diese beiden, miteinander verbundenen Aspekte bilden Komponenten des negativen Gegenhorizontes der Gruppe, wobei Cm und Am den von ihnen beschriebenen
Zustand selbst erlebt haben und Dm diesen als Beobachter miter-

lebt hat (vgl. 45-51). Um das Auf-Hilfe-Angewiesensein zu minimieren, so die Perspektive der Gruppe, müssen Handlungsbeschränkungen vorgenommen werden. Komponenten des positiven Gegenhorizontes des Orientierungsrahmens sind auf der Ebene physischer Leistung wieder die Vorsicht, die Selbstbeschränkung, die, wie erkennbar wird, in die Orientierung nach Autonomie eingelagert sind. D.h., um möglichst große Handlungsfreiheit zu bewahren, werden Handlungsbeschränkungen vorgenommen. Diese paradoxe Handlungsorientierung zeigte sich schon an dem institutionell überformten ‚Hilfe-Kontrakt' des Arbeitszusammenhanges.

Über den lebensgeschichtlichen Hintergrund solcher Perspektiven gibt die Passage *Unfall* Aufschluß. Von Bm über seine Vorgeschichte als „Gesunder" befragt, erzählt Am folgendes:

Gruppe *Risiko*, Passage *Unfall* (93-120)

```
 93   Bm:                      L Konntest Du denn früher mal loofen Am oder?
 94
 95   Am:                                                                  L
 96         Ick konnte früher loofen als kleener Junge; ja klar!
 97
 98   Bm:                                                      L Abber
 99         hast en Unfall gehabt oder was eh?
100
101   Am:                                      L Nö! Bin am Blinddarm operiert
102         worden. (4) Und seitdem sitz ick in n Rollstuhl.
103
104   Y:          L mhm                              L mhm
105
106   Bm:                                              L Ham die
107         Ärzte also Käse gebaut daß Du jetz also
108
109   Am:                                    L Ja. Narkoseunfall. (2)
110
111   Y:                                                            L
112         mhm
113
114   Am:    L Bin während der Operation nämlich wachgeworden (4) Und da
115
116   Y:                                                      L mhm
117
118   Am:    hat der Narkosearzt mir zuviel jejeben. (4) Abber es war nicht
119         nur die Narkose alleine et war auch der Sauerstoff der is
120         (          ) auch ausjefallen.
```

Als selbstverständlich betrachtet Am, daß er im Gegensatz zu heute
„früher loofen" konnte: „ja klar". Die anschließende kontrastrei-
che, ikonische Darstellung[46] veranschaulicht die Tragik, die die
Blinddarmoperation für ihn hatte, deren Folge der „seitdem" wäh-
rende Zwang ist, „in n Rollstuhl" zu sitzen, d.h. in der Deutung der
Gruppe: auf Hilfe angewiesen zu sein. Der Verlust physischer Kontrolle bzw. erworbener Fähigkeiten ist auf ärztliches (Überdosie-
rung der Narkose) und technisches Versagen (Ausfall des
Sauerstoffgeräts) zurückzuführen. Die Metapher „Narkoseunfall"
gibt dieser Darstellung die Deutungsebene eines Schicksalsschlages, für den niemand letztgültige Verantwortung trägt. Dies steht
im Kontrast zu Bms implizit proponierter Verantwortlichkeit,
durch ‚Aufpassen' physische Beeinträchtigungen verhindern zu
können. Ams Perspektive überschneidet sich gleichwohl mit derjenigen Bms in bezug auf den Aspekt, daß „man schneller im Rollstuhl sitzen" kann, „als man denkt".

Die *Bewältigung* des Schicksalsschlages, auf die Am zurück-
blickt, wird jedoch in den Bereich der Selbstverantwortung verlegt:

Gruppe *Risiko*, Passage *Unfall* (125-142)

```
125  Am:              (8) Abber wenn ick det so ss- f-
126
127  Y:                        ⌊ mhm
128
129  Am:    im Nachhinein so sehe wie ick mich r- rausgemacht hab, muß ick
130         sagen daß ick mich ganz schön rausjemacht hab. Weil früher als
131
132  Y:                                              ⌊ mhm
133
134  Am:    ick dann aus der Narkose kam, hab ich mich unheimlich
135         schleifen lassen also (2) s- (.) ick hab zu nichts Lust
136         jehabt; ick hab ni- noch nich mal Lust gehabt was zu essen.
137         Ick bi- bin künstlich ernährt worden. (1) Und dann n
138
139  Y:                                    ⌊ mhm
140
141  Am:    irgendwann hab ick dann anjefangen wieder richtige Nahrung zu
142         mir zu nehmen. (2) Und det weeß ick halt allet.
```

---

46 Damit ist hier die *sprachliche Abbildung* von Erlebtem gemeint.

Retrospektiv wird die eigene Entwicklung als erfolgreich bewertet, Am hat sich „ganz schön rausjemacht". Dies erinnert an die Evaluation, sich in der WfB „gut eingelebt" zu haben. Homolog dazu weist diese Formulierung eine starke Selbstdistanzierung auf, eine offensichtliche Internalisierung einer Fremdeinschätzung. Die Evaluation bezieht sich auf die damalige Passivität, das ‚Sich-schleifen-Lassen‘, das eine vollständige Fremdversorgung nötig machte. Dem steht das eigenständige Agieren, wie es für die selbständige Nahrungsaufnahme als Wendepunkt einer physisch existentiellen Verlaufskurvenentwicklung formuliert wird, gegenüber. Die Erinnerung an den Wendepunkt hat für Am bis heute eine besondere Relevanz (142). D.h., sie hat Niederschlag gefunden in der – wenn auch enaktierungsbeschränkten – Orientierung an Eigenständigkeit und einer fokussierten Suche nach Überwindung physisch-materieller Widerstände, welche im Arbeitsprozeß der Holzwerkstatt vergleichsweise gehäuft auftreten.

Diese Beschreibung der Genese der ‚Behinderung‘ hat zwar stark individuelle Züge. Dennoch dokumentiert sich in ihr etwas Gemeinsames der Gruppe, das sich weniger auf ein gemeinsames Erleben als vielmehr auf einen gemeinsamen Erfahrungshintergrund bezieht. Homolog ist die – entweder selbst erlebte (Cm: „Anfall", „Feuerwehr") oder antizipierte (Dm) – Erfahrung des physischen Kontrollverlustes, der Existenzgefährdung. Dies schwingt als Hintergrund bei der Orientierung an Handlungsbeschränkung zur Wahrung von Handlungsautonomie mit.

Demgegenüber wird in der Gruppe *Money* der Entstehungszusammenhang von ‚Behinderung‘ weniger im Sinne eines zu bewältigenden Schicksalsschlages oder eines Verlusts an physischer Kontrolle, als vielmehr als ein sozialer Prozeß erfahren:

Gruppe *Money*, Passage *Ausgrenzungserfahrung* (119-135)

```
119  Am:                    ⌊ Jaa. (7) Bei mir ham die (3) ha ick mit
120          Stimmen zu tun jehabt. da ha ick gedacht die erzählen dette.
121          wa. die in de Straße. (2) ha ick jesacht ehh hörste mal damit
122
123  Y:                              ⌊ mhm
```

```
124
125  Am:    uff oder wat? Wat is denn! (1) Najaa und det war meine Stimme.
126         Ick hab mir eben jedacht die reden da wa? Die reden da über
127         mich, dabei warn det die Stimmen (.) die det jesacht ham. (2)
128
129  Y:                                    ⌊ mhm
130
131  Am:    Is der blöde und so. (.) Kannst ja garnischt; und (1) lern
132         doch erstma wat und ((tiefes Luftholen)) (2) Wat soll icken
133         lernen? (2)
134
135  Cm:                     ⌊ Tja was?
```

Dieser Schilderung ging eine metakommunikative Verständigung
der Gruppe über die angemessene Handhabung des Mikrofons des
Aufnahmegerätes voraus. Am kehrt daraufhin zu dem Erzählstrang
zurück, der das Thema: *Verlust sozialer Beziehungen aufgrund von
‚Behinderung'* behandelte. Am, der Kerncharakter der Gruppe
Money, kommt hier auf den Entstehungszusammenhang des von
ihm erfahrenen Etikettierungsprozesses zu sprechen („Bei mir ham
die"), der zunächst als soziale Diskreditierung („Die reden da über
mich") durch die ortsansässige Öffentlichkeit („die in de Straße")
wahrgenommen und dann als persönliche Fehlleistung, als Selbst-
täuschung gedeutet wird: „Naja und det war meine Stimme". In
Nacherzählung einer Interaktion mit einem sich ihm als „die Stimmen" bzw. „meine Stimme" darstellenden Gegenüber formuliert
Am in Präsensform – was ihre noch gegenwärtige Geltung unterstreicht – die (Aus)Bildungserwartungen („lern doch erstma wat"),
die er an sich gestellt sah. Er beschreibt weiterhin die (angenom-
mene) Fremdwahrnehmung, diese nicht zu erfüllen, zu versagen
(„Is der blöde"), und die Schwierigkeiten, Handlungsmöglichkeiten zu erschließen: „Wat soll icken lernen?". In dieser Sequenz zeigt
sich erneut, sowohl auf der allgemeinen Ebene des sozialen Handelns (in der Öffentlichkeit) als auch auf der spezifischen Ebene
der Berufsbiographie (berufliche Qualifikation), die Orientierung
an Normalitätsvorstellungen und ihre soziale Einbettung. Es wird
gleichzeitig die Intensität deutlich, mit der Am den auf die Nichter-

füllung von Verhaltens- bzw. Leistungserwartungen folgenden sozialen Ausgliederungsprozeß wahrnimmt.

Wenngleich im Diskursverlauf keine gemeinsam erlebten Ausgrenzungserfahrungen in alltäglichen Interaktionsprozessen im Zuge von Normalitätsabweichungen genannt werden, gehören sie doch als homologe, strukturidentische Erfahrungen zum gemeinsamen Erfahrungsraum, was die Gruppe wechselseitig bestätigt:

Gruppe *Money*, Passage *Ausgrenzungserfahrung* (79-92):

```
79   Am:                                            L Der hat
80         Freunde gehabt und die ham ihm ooch verlassen (1) son wie er
81
82   Y:                                             L mhm
83
84   Cm:                                                      L So ist
85
86   Am:    krank war; also wie er krank wurde. Hat er ma erzählt. (7) Hast
87
88   Cm:    so ist dette.
89
90   Am:    De auch ne richtige Freundin jehabt? (2)
91
92   Bm:                                            L nhnh.
```

Über den genaueren Zusammenhang bzw. das genauere Verständnis von der offensichtlich als Beginn einer Verlaufskurvenentwicklung wahrgenommenen ‚Krankheit' ist weder an dieser noch an irgendeiner anderen Stelle des Diskurses etwas zu erfahren. Offensichtlich steht die Perspektive ‚Behinderung als Krankheit' nicht im Fokus der Gruppe *Money*, im Gegensatz zur Gruppe *Risiko*.

Hier geht es um Bms Erfahrung, von der früheren Peer-Group, „wie er krank wurde", „verlassen" worden zu sein. Solche Ausgrenzungspraxen von ‚Nichtbehinderten', die bei ‚Behinderung' einsetzen, werden als generalisierbar eingeschätzt: „So ist dette". Auch partnerschaftliche Beziehungen werden als zumindest davon bedroht gesehen, was für Bm jedoch nicht zum Problem werden konnte, weil er noch keine „richtige Freundin" hatte[47].

---

47 Die Verneinung in Zeile 92 ist eindeutig bei Abspielen des Tonbandes zu hören, jedoch leider nur schwer zu transkribieren.

Auf diese Problematik der bis in den Bereich partnerschaftlicher Beziehungen hineinreichenden Ausgrenzungsprozesse weist nicht nur die Gruppe *Money* hin, sondern sowohl die Gruppe *Risiko* als auch Bm der Gruppe *Risiko*. Hiermit ist ein Lebensbereich angesprochen, der offensichtlich für beide Gruppen bedeutsam ist. Bevor das Thema *Partnerschaftliche Beziehung* im nächsten Unterkapitel weiter behandelt wird, sei hinsichtlich der Deutungsmuster von ‚Behinderung' und der Erfahrung von Ausgrenzungsprozessen zuvor zusammenfassend festgehalten:

Die Gruppe *Risiko* nimmt ‚Behinderung' in erster Linie als ein durch physische Beeinträchtigung hervorgerufenes Auf-Hilfe-Angewiesensein sowie als Kontrollverlust und Enaktierungshemmnis wahr. Diese Perspektive hat ihren lebensgeschichtlichen Erfahrungshintergrund in einer schicksalhaft erlebten existentiellen Bedrohung und in einem umfassenden Verlust der Kontrolle über den eigenen Körper. Die Gruppe verwendet Zuschreibungskategorien wie „Rollstuhlfahrer" oder „E(pi)leptiker" zur Selbstbeschreibung. Ausgrenzungsprozesse werden in Bezug gesetzt zu fehlender Übernahme der Perspektive eines Auf-Hilfe-Angewiesenseins seitens der Etikettierer. Bm der Gruppe *Risiko* teilt letzteres sowie die physisch-medizinische Deutungsebene von ‚Behinderung'. Sich selbst schreibt er – im Gegensatz zu den beiden Gruppen – keine ‚Behinderung' zu, wenn er auch die Zuschreibungskategorie für andere verwendet und insbesondere die Frage des Bedrohtseins von ‚Behinderung' für ihn Relevanz hat. Für die Gruppe *Money* schließlich stellt sich ‚Behinderung' in erster Linie als Abweichung vom ‚Normalen' dar. In diesem Deutungsmuster ist sie eine soziale Perspektive, die unmittelbar mit sozialen Ausgrenzungsprozessen verbunden ist, auch auf dem Wege institutioneller Separierung und berufsbiographischer Hindernisse.

6.2.3   Partnerschaftliche Beziehungen

Nicht retrospektiv, wie die Gruppe *Money*, sondern in theoretischer Erwägung potentiellen Bedrohtseins stellt Bm (Gruppe *Risiko*) die Frage, ob Partnerschaften aufgrund von ‚Behinderung‘ aufgelöst werden:

Gruppe *Risiko*, Passage *Unfall* (71-91)

```
71   Bm:                                                      (2) Und
72        was ich ehm gehört habe, ich weiß aber nicht ob det stimmt,
73        dat gesunde Frauen zum Beispiel auch ehm behinderte Männer
74        abschieben, stimmt det? (3)
75
76   Y:                        L Des ehh (1) weiß ich nich also
77        hab ich (.) jetz so nich gehört, abber (1) gibt ja vieles auf
78
79   Bm:                            L mhm
80
81   Y:   der Welt.
82
83   Am:     L Kommt immer auf den Charakter der Menschen an.
84
85   Y:                                                  L mhm
86
87   Bm:                                                    L Also
88        nicht auf die Behinderung oder watte
89
90   Am:                                         L Ne! Kommt uff den
91        Charakter an. (1)
```

Diese Sequenz ist eine Fortführung der von Am angesprochenen Problematik eines Auf-Hilfe-Angewiesenseins. In Radikalisierung der bereits vorher von Bm proponierten Ablehnung einer Ausgrenzung von „Rollstuhlfahrern" (vgl. oben) wird hier ein ‚Abschieben‘ des einen Partners durch den andern aufgrund seiner ‚Behinderung‘ problematisiert. Dabei ist bedeutsam, daß Bm geschlechtsspezifisch die Konstellation konstruiert, „gesunde Frauen" würden „behinderte Männer abschieben", und seine Frage an die einzige Frau in der Diskussionsrunde (an Y) adressiert. Implizit spricht er ihr damit die Kompetenz zu, den Realitätsgehalt solcher Aussagen zu beurteilen. Eine Perspektivenübernahme der Situation des „behinderten Mannes" seitens Bm wird offensichtlich – insbesondere wenn man dessen Überlegungen zur Fragilität von ‚Nichtbehinderung' in Rechnung stellt („kann man schneller im Rollstuhl sitzen als man denkt"). Für Bm – der eine Freundin hat und in dieser Beziehung auch eine zentrale Orientierung an Autonomie von institutioneller Fremdbestimmung enaktiert – steht hier die Möglichkeit in Frage, selbst von ‚Behinderung', und damit von einem Prozeß des ‚Abgeschobenwerdens' durch die Partnerin, bedroht zu sein. Am erläutert generalisierend, es komme auf „den Charakter der Menschen an". Mit dieser Individualisierung der Frage entproblematisiert er die von Bm erwogene Möglichkeit einer Verlaufskurvenentwicklung auf der Ebene der Partnerschaft, die mit bestimmten Formen von „Behinderung" (87/88) quasi automatisch einsetze. Hier treten erneut die Komponenten des negativen Gegenhorizontes des Orientierungsrahmens von Bm hervor: „Behinderung", Fremdbestimmung durch ‚Abgeschobenwerden' (und das heißt auf eine Institution verwiesen zu werden) sowie der mit dem Ende einer partnerschaftlichen Beziehung einhergehende Verlust nicht-institutioneller Lebensbezüge.

In bezug auf die Anbahnung einer dauerhaften Partnerbeziehung, die in eine Familiengründung mündet, ist die Gruppe *Risiko* eher skeptisch:

Gruppe *Risiko*, Passage *Partnerschaft* (58-80)

```
58   Y:    Wollt Ihr mal heiraten und Kinder haben?
59
60   Cm:                                  ⌊ mmhh-
61
62   Dm:                              ⌊ Weeß ick jetzt nich.
63
64   Am:                                                      ⌊
65         Ehm wenn fh sich die Richtige findet. mal. (.) worum nich? (1)
66
67   ?m:   ⌊ ((Gemurmel))
68
69   Am:   Aber als Rollstuhlfahrer hat man da mehr Pro- Schwierigkeiten
70         alsss Nicht-Rollstuhlfahrer. (2) Weill wir Rollstuhlfahrer von
71
72   Y:                            ⌊ mhm
73
74   Am:   den ick sag mal normalen Leuten (.) eh immer noch als bekloppt
75         und behinde- eh geistig (.) behindert hingestellt wird. (3)
```

```
76
77   Y:                                                        ⌊ mhm
78
79   Am:   Weill (1) weil die die Öffentlichkeit is wird halt nicht ehh
80         genug unterri- ehhh uffjeklärt.
```

Zunächst machen sowohl Cm wie Dm deutlich, daß eine
Beantwortung der Frage, ob sie „mal heiraten" und eine Familie
gründen wollen, für sie gegenwärtig nicht relevant ist. Am hingegen hat dazu Vorstellungen allgemeiner Art: wenn „sich die Richtige findet". In dieser Darlegung klingt etwas Schicksalhaftes an. Vor
dem Vergleichshorizont der „Nicht-Rollstuhlfahrer" legt Am dar,
was einer Anbahnung partnerschaftlicher Beziehungen im Wege
steht: „Rollstuhlfahrer" haben aufgrund der Zuschreibung als „be-
kloppt und behinde- eh geistig (.) behindert" seitens der „normalen Leute" „mehr Pro- Schwierigkeiten". D.h., die Partnerschafts-
problematik wird nun in einen sozialen Zusammenhang, in eine
Ausgrenzungsperspektive gestellt. Sie scheint außerhalb individu-
eller Handlungspotentiale zu liegen. Dabei wird die Fremdzuschreibung „geistig behindert", im Gegensatz zur Zuschreibung
„Rollstuhlfahrer", als stigmatisierend erfahren, was auch eine Hierarchie von Etiketten impliziert. Die Deutung: fehlende Aufklärung
der „Öffentlichkeit", d.h. deren fehlende oder fehlerhafte Perspektivenübernahme, war bereits in der Passage *Unfall* bezüglich
des Auf-Hilfe-Angewiesenseins erkennbar.

Wenn auch Am hier aus der Perspektive als „Rollstuhlfahrer"
das Thema behandelt, trifft die in seiner Ausführung deutlich gewordene Suspendierung nicht nur der Frage einer Familiengründung, sondern auch die der Anbahnung einer (dauerhaften) Partnerschaft auch auf die Gruppe *Risiko* weitgehend zu – mit beding-
ter Ausnahme von Cm, der mehrfach im Diskurs von einer Freundin erzählt:

Gruppe *Risiko*, Passage *Partnerschaft* (41-50)

```
41   Cm:                                                    (.) Da
42         bin ich ma mit ihr bummeln gegangen aufem Weihnachtsmarkt mit
43         ihr mal und (.) wenn se (fest) und des is (.) un hab se mal
```

```
44        zum Geburtstag eingeladen (.) un (1) es is immer sehr schön wo
45        ich mit ihr, wie ich mit ihr was immer unternehme mal was mal
46        (1) und des is schön und des macht mir Spaß! (3) (Leiderweise)
47
48   Y:                                              L mhm
49
50   Cm:  fällt mir nix mehr ein.
```

Auf der Ebene der Exemplifizierung gemeinsamer Unternehmungen charakterisiert Cm seine Beziehung zu seiner Freundin. Fokussiert wird eine in den Jahreslauf (Weihnachten, Geburtstag) eingebundene, gemeinsame Freizeitgestaltung der Entspannung („bummeln gegangen") und des Feste-Feierns. Das heißt, die Beziehung hat weniger den Charakter einer dauerhaften Partnerschaft, die in eine gemeinsame Lebensplanung führt, sondern eher die Dimension einer nicht-routinierten außeralltäglichen Besonderheit.

Im Kontrast hierzu hat die Partnerbeziehung bei der Gruppe *Money* deutlichen Alltagsbezug:

Gruppe *Money*, Passage *Kochen* (4-22)

```
4    Am:  Vorgestern ham wir gekocht. (2) (Des) ham wir gekocht
5
6    Cm:                                               L Na
7         siehste, (.) vor Wut ((lacht))
8
9    Am:                        L Neiin nee nich vor Wut
10
11   Bm:                                       L ((lacht))
12
13   Cm:                                     L ((lacht)) @vor
14        Wut kannste ooch kochen@
15
16   Bm:                    L @Weil wer unsern Frauen mal en
17        Gefallen tun wollten@
18
19   Am:                   L Na! (5) Nee ick hab det vorbereitet und
20        der hat den @Backofen vorbereitet@ ((lacht))
21
22   Bm:                        L ((lacht))
```

In impliziter Bezugnahme auf eine traditionelle, geschlechtsspezifische Arbeitsteilung behandelt die Gruppe das Thema *Kochen*: Die Ironisierung, den „Backofen vorbereitet" zu haben, unterstreicht die Besonderheit der offensichtlich nicht routinierten

Übernahme solcher Arbeiten durch die beiden Männer ebenso wie die Bemerkung „vor Wut kannste ooch kochen". In dieser indirekten gemeinsamen Darstellung der Alltagsorganisation mit traditionellen, geschlechtsspezifischen Zuständigkeitsbereichen dokumentiert sich die Dimension ‚Paarbeziehung als Lebensgemeinschaft' mit je eigenen Implikationen an Verantwortlichkeit. Der konjunktive Erfahrungsraum der Partnerbeziehung mit den darin sich herausbildenden Orientierungen wirkt wiederum zurück auf die Bedeutung, die die institutionell strukturierte Sondereinrichtung WfB im Alltag hat. Dies wird vor allem bei Bm deutlich, bei dem die partnerschaftliche Beziehung die Stufe einer Familiengründung bereits erreicht hat. So erwägt er, die WfB zu verlassen, um sich der Betreuung seiner Tochter zu widmen:

Gruppe *Money*, Passage *Kündigung* (97-111)

```
97   Y:                          ⌊ Des heißt Du willst gehn.
98
99   Bm:                                            ⌊ Is
100      aber noch nich sicher.
101
102  Y:                    ⌊ Noch nich sicher.
103
104  Bm:                           ⌊ Weil wer die Iris
105      nich mehr zur Tagesmutter bringen wollen. (1) (Weil) meine
106
107  Y:                                 ⌊ mhm
108
109  Cm:                                   ⌊ Ach du Scheiße.
110
111  Bm:   Frau hat zur Zeit mit der Probleme. (2) Mit der (        )
```

Es bleibt unklar, mit wem Bms Frau „Probleme" hat, mit der Tagesmutter oder mit der Tochter. Erkennbar wird jedoch, daß zunächst die Betreuung der Tochter im Zuständigkeitsbereich der Frau liegt, die grundlegende Verantwortung von Bm dann mitgetragen wird, der – bei „Problemen" – zu einer nicht-traditionellen Arbeitsteilung im häuslichen Bereich bereit ist. Die Beschäftigung in der WfB erhält eine deutliche Relativierung, sie ist der familiären Orientierung nachgeordnet. Die Alltagsorganisation in der Privatsphäre der Familie, die Verantwortungübernahme für die Betreu-

ung der Tochter erhalten gegenüber der beruflichen Sphäre Priori-
tät.

Dies bildet einen Kontrast zur Gruppe *Risiko*, bei der eine starke
Orientierung an den Strukturen und Normen der Institution erkennbar wird. In dieser Gruppe werden familiärbiographische Entwürfe suspendiert, am deutlichsten von Am, der schon im Vorfeld
der Anbahnung einer längerfristigen, partnerschaftlichen Lebensgemeinschaft wenig Handlungsmöglichkeiten sieht, dies unter der
Perspektive einer Ausgrenzungsproblematik. Demgegenüber ist
oder wurde eine solche Ausgrenzungsperspektive für die Gruppe
Money insofern irrelevant, als ihre Partnerinnen als Beschäftigte
der WfB der gleichen Stigmagruppe angehören wie sie selbst.

Bei Bm der Gruppe *Risiko* schließlich ist die Partnerbeziehung
Ausdruck einer Abgrenzung von institutioneller Fremdbestimmung. Im Zuge einer fragilen Selbstverortung als ‚Nichtbehinder-
ter' wird sie als von Ausgrenzung bedroht gesehen, und zwar in
Form eines ‚Abgeschobenwerdens' durch die Partnerin, als Folge
einer Zuschreibung bestimmter Formen von ‚Behinderung'.

7. Zusammenfassung der Ergebnisse

7.1 Zentrale Orientierungen der Gruppen Risiko und Money

Im Folgenden werden die in komparativer Analyse herausgearbeiteten zentralen Orientierungen beider Gruppen sowie die aus dem Rahmen der Gruppe *Risiko* fallenden Orientierungen von Bm zusammenfassend dargestellt. Dabei wird vor allem die jeweils eingenommene Haltung zur sonderpädagogischen Institution eine Rolle spielen, wie auch die Prägung der Orientierungsmuster durch institutionelle und andere soziale Ausgrenzungsprozesse.

Die Gruppe Risiko: Assimilation an die Institution

Die Gruppe *Risiko* erlebt die Beschäftigung in der WfB, die nicht selbst-, sondern fremdbestimmt angebahnt wurde, als ein institutionelles Eingebundensein, das über ein Arbeitsverhältnis weit hinausreicht. So wird sie – trotz tageszeitlicher Begrenzung – als ein ‚Drinnensein‘, als ein Leben *in* der Institution erfahren. Als zentrale Orientierung im Umgang mit den Bedingungen, die die Institution setzt, hat sich ein Assimilationsbestreben herausgebildet, das in der Gruppe wechselseitig bestätigt und bestärkt wird. Dieses wird in verschiedenen Dimensionen enaktiert:

- auf der Ebene der Beschreibung des eigenen bzw. des Selbst
  der anderen, z.b. über institutionell geprägte Selbst-Defini-
  tionen an Hand von Charakterisierungen physischer Konsti-
  tutionen und einer Übernahme von Behinderungsetiketten;
- auf der Ebene der Zusammenarbeit unter den Beschäftigten,
  in Form eines wechselseitig aufeinander bezogenen, institutionell konstituierten Hilfekontraktes, dessen Einhaltung
  wechselseitig kontrolliert wird und hierarchisch mit Handlungsbeschränkungen einhergeht;
- auf der Ebene der Zusammenarbeit mit den Vorgesetzten, an
  deren Maßstäben sich die innerinstitutionelle Normalitätsorientierung der Gruppe ausrichtet.

Dabei wird in bezug auf die Tätigkeit in der Arbeitsgruppe die
Handhabung des Materiell-Gegenständlichen fokussiert. Mit diesem unter Wahrung eigener Körperkontrolle umgehen zu können,
ist handlungsleitend sowie Maßstab für die Hierarchisierung innerhalb der Arbeitsgruppe. Gleichzeitig wird der Aspekt der physischen Konstitution mit ihrer institutionell geprägten Implikation
für den Arbeitsprozeß zur Grundlage von Selbst- und Fremdidentifikationen.

Gemeinsame Hintergrunderfahrung bildet das Erleben eines
körperlichen Kontrollverlusts von mitunter massiver existentieller
Bedrohung und ein Auf-Hilfe-Angewiesensein als Komponenten
eines negativen Gegenhorizontes. In Verschränkung mit einer Anpassung an die institutionelle Moral – u.a. den Beschäftigten zu ‚ihrem Besten' eine Sondertätigkeit zu bieten – resultiert daraus eine
paradox anmutende Orientierungsverkettung: Handlungsbeschränkung (Inanspruchnahme von Hilfe, Hilfstätigkeit) zur Si-
cherung von Handlungsautonomie, wobei letzteres handlungspraktisch zunehmend aus dem Blick gerät.

Weiterhin fällt die hohe Bedeutung auf, die dem Bereich der Arbeit zugesprochen wird. So wird dieses zum fokussierten gemeinsamen Thema, das andere mögliche Themen, wie die Analyse der Fokussierungsmetapher (Thema Zukunft) zeigt, kaum aufkommen

läßt. Ansätze eines biographischen Entwurfes sind jenseits eines Erhalts des Status Quo (Arbeitsplatz, der als bedroht wahrgenommen wird) bzw. jenseits einer Wahl des Arbeitsbereiches innerhalb der WfB nicht erkennbar, weder hinsichtlich der beruflichen Sphäre, noch hinsichtlich der Privatsphäre. So werden dauerhafte partnerschaftliche Beziehungen bzw. eine Familiengründung biographisch überwiegend ausgeblendet. In Wechselwirkung dazu steht die Fokussierung der Beschäftigung in der WfB sowie die gegenüber der sonderpädagogischen Institution eingenommene assimilatorische Haltung.

Bm (Gruppe Risiko): Fokussierung nicht-institutioneller Lebensbezüge

Innerhalb des institutionellen Rahmens bildet das Orientierungsmuster, wie es durch Bm vertreten ist, einen maximalen Kontrast zu demjenigen der Gruppe *Risiko*. Im Vordergrund steht eine Abgrenzung von den mitunter als totalitär wahrgenommenen Ansprüchen, die die sonderpädagogischen Institutionen an die Beschäftigten oder die Bewohner stellen. Diese Abgrenzung vollzieht sich zum einen auf der Ebene von (konfrontativen) Aushandlungsprozessen mit den Repräsentanten der institutionellen Norm, also den Vorgesetzten im Arbeitsbereich oder den Betreuern im Wohnbereich. Diese nehmen mitunter kompromißlosen Charakter an und führen zu (für Bm) folgenreichen institutionellen Maßnahmen, wie die Versetzung in eine andere Zweigwerkstatt. Zum andern vollzieht sich die Abgrenzung auf dem Wege einer Hinwendung zu Erfahrungsbereichen, die nicht institutionell strukturiert sind, wie die partnerschaftliche Beziehung, der hohe Bedeutung beigemessen wird. Zentrale Orientierung ist die Autonomie gegenüber dem (sonderpädagogischen) institutionellen Zugriff auf die eigene Person, die Transformation von Fremd- hin zu Selbstbestimmung, zu Selbstverantwortlichkeit. Diese Orientierung wird auch besonders deutlich an dem Handlungs- und Erfahrungszu-

sammenhang, in den sich Bm mit dem Verkauf von Obdachlosenzeitschriften begibt. Dieser hat mehr Bedeutungsebenen als nur die
einer zusätzlichen Einkommensquelle. Mit dem Verkauf geht eine
öffentliche Selbstverortung als Obdachloser, also eine Selbstverortung außerhalb der Institution einher, eine Selbststigmatisierung,
die in bezug auf den sonderpädagogischen Arbeits- und Lebenszu-
sammenhang eine Aufwärtsorientierung darstellt. D.h., mit der
Anbindung an diese gesellschaftliche Randgruppe wird das, was
zentrale Orientierung für Bm ist, nämlich eine Autonomie gegenüber institutioneller Fremdbestimmung zu erreichen, (geradezu
metaphorisch) bereits enaktiert. Dementsprechend weist Bm für
sich eine Fremdzuschreibung als ‚Behinderter‘ zurück, wenn er
auch das ‚Nicht-behindert-Sein‘ als einen fragilen Zustand erfährt.
Besonders prekär erscheinen in Bms Perspektive bei einem Status-
Wechsel die negativen Auswirkungen, die dieser auf die partnerschaftliche Beziehung haben könnte. Bm befürchtet dabei ein ‚Abgeschobenwerden‘ durch die Partnerin, was mit einer Verschärfung
von Institutionalisierung und Fremdbestimmung einherginge.

   Wieder in Kontrast zur Gruppe *Risiko* formuliert Bm einen relativ konkreten – wenn auch in seiner Realisierung in Frage stehenden – biographischen Entwurf: So strebt Bm als Ziel eine Re-Inte-
gration in den allgemeinen Arbeitsmarkt an, mit einer Entlohnung, die Lebens- und Erfahrungsbereichen jenseits der Ar-
beitssphäre mehr Raum gibt. Daran ist auch erkennbar, daß die
Selbstassoziierung mit den Obdachlosen eine Zwischenstation in
der Perspektive des Grenzgängers Bm darstellt.

   Die Gruppe Money: Prekäre
   Normalitätsorientierung

Ähnlich der Gruppe *Risiko* fokussiert auch die Gruppe *Money* das
Thema *Arbeit*. Aber anders als diese, setzt sie sich mit den strukturellen Bedingungen der WfB und mit dem Handeln der Repräsentanten der Institution eher kritisch auseinander. So besteht eine

Diskrepanz zwischen der offiziellen Meinung und der, die die Gruppe über grundlegende Dinge, wie bspw. *Leistung* und *Entlohnung*, vertritt. Mangelnde Auftragsbeschaffung sowie monotone Arbeitsangebote seitens der WfB werden als unbefriedigend problematisiert. Dem steht eine Orientierung an qualifizierter Arbeit und deren soziale Anerkennung, an (beruflicher) Qualifikation und höherer Entlohnung gegenüber. Zentral für die Gruppe ist eine Orientierung an eine Normalität *außerhalb* der sonderpädagogischen Institution WfB, eine Normalität des ‚einfachen Mannes‘. D.h., die Zugehörigkeit zum Sonderarbeitsmarkt wird als Fremdbestimmung erfahren, als ein circulus vitiosus: Stigma-Effekt aufgrund der Zuordnung zur Stigma-Gruppe der ‚Geistig-Behinderten‘, fehlende berufliche Qualifikation sowie ein Einkommen, das unter dem Sozialhilfesatz liegt, mit entsprechenden Handlungs- und Konsumbeschränkungen. Anders als Bm der Gruppe *Risiko* sieht die Gruppe *Money* jedoch keine beruflichen Enaktierungsmöglichkeiten außerhalb des Sonderarbeitsmarktes, weshalb die Orientierung an Autonomie und Normalität prekäre Züge aufweist. Dies dokumentiert sich auch in der Fokussierungsmetapher, in der das Thema *Zukunft* – ähnlich der Gruppe *Risiko* – suspendiert wird und lediglich ein impliziter berufsbiographischer Entwurf mit der Forderung nach Lohnerhöhung erkennbar wird, im Sinne einer Schaffung von Handlungsspielräumen durch gesteigertes Einkommen.

Die offizielle Meinung der Institution über ihre Mitglieder wird in ambivalenter Weise aufgegriffen, d.h. partiell geteilt und partiell verworfen. So werden leistungsbezogene Degradierungsprozesse als ungerechtfertigt problematisiert. Die Etikettierung ‚Behinderter‘ wird zwar in die Selbstbeschreibung mit aufgenommen. Diese wird jedoch inhaltlich mit einem Selbstverständnis, ‚normal‘ zu sein, wieder relativiert.

Als strukturidentische Hintergrunderfahrung wird die soziale Ausgrenzung seitens der Peer-Group oder der ortsansässigen Öffentlichkeit herausgearbeitet, als Folge einer Nichtentsprechung von sozialen und berufsbiographischen Verhaltenserwartungen einerseits, einer Zuordnung zur Stigmagruppe der ‚Geistig Behinderten' andererseits. Spezifische Variationen der Etikettierung ‚Behinderung' werden dabei als stigmatisierend zurückgewiesen.

Die Gruppe verbleibt hinsichtlich ihrer Orientierung an Autonomie und Normalität in einer gewissen unauflösbaren Enaktierungsproblematik. So sucht sie diese Orientierung innerhalb der WfB durch qualifizierte Tätigkeiten, durch Qualifikationsnachweise, wie das ‚Sich-Auskennen' mit Maschinen, oder durch Forderungen nach Lohnerhöhung zu enaktieren. Sie nimmt jedoch die Grenzen wahr, die ihr durch die Beschäftigung in der Institution WfB gesetzt sind, und hinterfragt ihre eigene Aussonderung aus dem allgemeinen Arbeitsmarkt.

Gleichzeitig erhält die Bedeutung der WfB-Institution für den Alltag eine Relativierung durch die Dimension einer dauerhaften Partnerschaft bzw. einer eigenen Familie sowie durch den als Privatsphäre strukturierten Wohnbereich.

7.2 Über den Umgang der Beschäftigten mit den Bedingungen der Institution

An den Orientierungsmustern und Enaktierungspotentialen der beiden Gruppen dokumentieren sich verschiedene Wege, mit einer sozialen Institution umzugehen. Parallelen zu Charakteristika, die Goffman für das Leben in „totalen Institutionen" (1973) herausgearbeitet hat, sind unverkennbar, wenngleich die WfB nicht das gesamte Alltagsleben – ein zentrales Merkmal totaler Institution – umfaßt[48]. Ich möchte im Folgenden, auf der Grundlage der empirischen Analyse[49], einige dieser Aspekte kurz umreißen:

---

48 Allerdings sei hier darauf verwiesen, daß im Sinne Goffmans „alle Institutionen (...) tendenziell allumfassend" sind (1973:15).

49 Im Folgenden beziehe ich mich nicht nur auf das empirische Material, das der komparativen Analyse zugrunde liegt, sondern auch auf das, welches in Kapitel 6.1 eingeflossen ist.

Goffman spricht von unterschiedlichen Strategien, mit denen eine Anpassung an die Bedingungen der Institution vollzogen werden kann. Eine dieser Strategien ist diejenige der

„Konversion': Offenbar macht der Insasse sich das amtliche Urteil über seine Person zu eigen und versucht die Rolle des perfekten Insassen zu spielen. (...) Die Haltung des Konvertiten (ist) eher diszipliniert, moralistisch und monochrom, wobei er sich als einen Menschen darzustellen sucht, mit dessen Begeisterung für die Anstalt das Personal allezeit rechnen kann" (1973:67).

Vieles von dem, was sich in dem vorgestellten Textmaterial der Gruppe *Risiko* dokumentiert, weist in diese Richtung. Neben den bereits weiter oben dargelegten Anpassungsleistungen an die institutionelle Perspektive – repräsentiert durch die Vorgesetzten – bzw. den Übereinstimmungen der Gruppe mit ihr möchte ich hier noch auf ein Weiteres aufmerksam machen: Die ‚Werkstätten für Behinderte', die zu ihrer Gründungszeit in den 60er Jahren zunächst als ‚Beschützende Werkstätten' firmierten (vgl. Bischoff/Rathgeber 1987:110), haben es sich zur Aufgabe gemacht, „denjenigen Behinderten, die auf dem allgemeinen Arbeitsmarkt keinen Arbeitsplatz finden können, eine berufliche Eingliederung zu ermöglichen" (a.a.O.:111). Dies geschieht paradoxerweise in ‚fürsorglicher' Separierung von dem allgemeinen Arbeitsmarkt, durch Bereitstellung von abgesicherten Dauerarbeitsplätzen und Zusicherung von ‚Betreuung' und ‚Fördermaßnahmen' (vgl. Kapitel 5). Genau diese institutionelle Moral reproduziert die Gruppe *Risiko* in ihrem ‚Hilfekontrakt': die prekäre Handlungsbeschränkung zur Wahrung von Handlungsautonomie.

In Wechselwirkung mit diesem Anpassungsmodus steht einerseits die umfassende Bedeutung, die die Beschäftigung in der Institution WfB für die Gruppe *Risiko* annimmt, und andererseits die Strukturierung des Wohn- und Freizeitbereichs (mit Ausnahme von Am) durch eine weitere sonderpädagogische Institution (vgl. Angaben zu den Diskussionsteilnehmern).

In abgeschwächter Form vertritt Bm der Gruppe *Risiko* als Anpassungsstrategie den

„kompromißlosen Standpunkt‘: der Insasse bedroht die Institution absichtlich, indem er offenkundig die Zusammenarbeit mit dem Personal verweigert. Das Ergebnis ist eine andauernd weitervermittelte Kompromißlosigkeit und manchmal eine hohe individuelle Moral“ (Goffman 1973:66).

Wenn auch Bm die Zusammenarbeit mit dem Personal nicht gänzlich verweigert, so setzt er der Institution jedoch gewisse Bedingungen unter *Androhung* der Verweigerung der Zusammenarbeit entgegen. Was die Wohn-Institution anbelangt, nehmen die Konflikte offensichtlich verschärftere Formen an. Aus Bms Erläuterungen zu seiner früheren Beschäftigung in einer Dorfgemeinschaft ‚für Behinderte‘ (vgl. die Angaben zu den Diskussionsteilnehmern in Kapitel 6.1) läßt sich schließen, daß, je totaler eine Institution Bm gegenübertritt umso kompromißloser dessen Standpunkt wird. Innerhalb der WfB *Netzwerk* scheint es jedoch auch gewisse „Anreize“ zu geben, „welche offen an den einzelnen in seiner Eigenschaft als jemand appellieren, dessen Interessen nicht mit denen der Organisation identisch sind“ (Goffman 1973:176). So ist bspw. die Möglichkeit (die Bm zur Bedingung stellt), „an die Maschinen ranzukommen“, auch als ein WfB-interner Anreiz zu verstehen.

Wie Goffman beschreibt, entwickelt der Rebell „paradoxerweise(,) ein starkes Interesse für die Anstalt“ (a.a.O.:66). Dies wird bei Bm hinsichtlich der Konflikte mit der Wohn-Institution deutlich, nicht aber in bezug auf die WfB, die gegenwärtig nicht im ‚Konfliktherd‘ steht. Insgesamt jedoch erfährt die Bedeutung sonderpädagogischer Institutionen mit dem Engagement als Verkäufer von Obdachlosenzeitschriften sowie mit der partnerschaftlichen Beziehung eine Relativierung, die „individuelle Moral“ einen Bezugspunkt außerhalb der Institution. Deutlich ist bei Bm die

Nicht-Übernahme der institutionellen Fremdzuschreibung „Behinderter".

Die Haltung der Gruppe *Money* gegenüber der Institution neigt weder einseitig zur ‚Konversion' noch zum ‚kompromißlosen Standpunkt' noch zur ‚Kolonisierung', worunter eine Anpassungsform zu verstehen ist, die die Bedingungen der Institution in einer Weise handhabt, daß diese zu einem annehmlichen ‚Zuhause' wird (vgl. a.a.O.:66f.). Eher tendiert die ambivalente Haltung der Gruppe *Money* in Richtung dessen, was Goffman als das „Ruhig-Blut-Bewahren" bezeichnet, eine „mehr oder minder opportunistische(n) Kombination von sekundären Anpassungen[50], Konversion, Kolonisierung und Loyalität gegenüber der Gruppe der Insassen" (a.a.O.:68). Im Vordergrund dieser Anpassungsform steht das Prinzip, Schwierigkeiten zu vermeiden, dem die Loyalität zur Gruppe der Insassen nachgeordnet ist. Wie bei Bm der Gruppe *Risiko* wird allerdings auch bei der Gruppe *Money* die Bindung zur Institution relativiert. So bestehen dauerhafte Partnerschaften bzw. eine eigene Familie und eine privatisierte Wohnform.

Zusammenfassend kann festgehalten werden: je stärker die Übernahme der Perspektive der WfB umso umfassender, d.h. totaler, ist die Bedeutung, die die Institution im Leben der Betreffenden spielt, siehe Gruppe *Risiko*. Umgekehrt erfährt die Bedeutung der Tätigkeit eine dem allgemeinen Arbeitsmarkt angenäherte Relativierung dort, wo die Beschäftigten eine kritischere Haltung einnehmen, die offensichtlich mit einem Standbein außerhalb der Institution einhergeht.

Zu den Themen in den Gruppendiskussionen gehören, ähnlich der „Insassenkultur" totaler Institutionen, „ein besonders geartetes Interesse für die eigene Person" (a.a.O.:70). Dies zeigt sich bei der Gruppe *Risiko* in einer gewissen Zentrierung um das Thema ‚Be-

---

50 Unter ‚sekundärer Anpassung' ist ein Verhalten zu verstehen, „bei welchem ein Mitglied einer Organisation unerlaubte Mittel anwendet oder unerlaubte Ziele verfolgt, oder beides tut, um auf diese Weise die Erwartungen der Organisation hinsichtlich dessen, was er tun sollte und folglich was er sein sollte, zu umgehen" (Goffman 1973:185).

hinderung' („E(pi)leptiker", „Rollstuhlfahrer"), bei der Gruppe
Money um das Thema *berufliches Scheitern.* Weiterhin ist die Wahrnehmung eines ‚Absitzens von Zeit' erkennbar, z.b. in den Äußerungen zu den fehlenden Arbeitsaufträgen oder dazu, in der WfB
„durchgehalten" zu haben (Gruppe *Money,* letzteres vgl. Passa-
genauszug Kapitel 6.1). Ohnehin scheint die Zeitstrukturierung innerhalb dieser Institution eigene Formen anzunehmen. So war es
den meisten Beschäftigten des Samples nicht möglich, die Zeit, die
sie bereits bei der WfB tätig waren, anzugeben. Ein anstehendes Ju-
biläum wurde z.b. als Hinweis auf eine eigene fünfundzwanzig-
statt zehnjährige Beschäftigung bei dem Träger gesehen[51]. In diesem Zusammenhang lassen sich auch die angebotenen, sogenannten „Fördermaßnahmen", von „Schwimmen" bis „Kursangebote in
Lesen" (Informationsbroschüre des Trägers 1997) als „kollektive
Ablenkungsbeschäftigungen" die „offiziell vom Stab gefördert"
werden, verstehen (Goffman 1973:72)[52]. Des weiteren trifft auch
auf die WfB folgendes zu: die „nicht vorhandene Möglichkeit, in
der Anstalt etwas zu erwerben, das später im Leben draußen von
Wert sein könnte – z.B. verdientes Geld (...) oder eine absolvierte,
mit einer Prüfung abgeschlossene Ausbildung" (a.a.O.:72) – letzteres umso erstaunlicher, als die WfB offiziell eine Institution der *beruflichen Rehabilitation* ist. So wird plausibel, daß es den Gruppen
schwer fällt, das Thema *Zukunft* zu behandeln bzw. so etwas wie einen zukunftsgerichteten Planungshorizont zu entwickeln.
Insbesondere die Gruppe *Risiko* orientiert sich an dem Erhalt des
beruflichen Status Quo, verständlicherweise, denn jenseits der
WfB, deren Rehabilitationsplätze in der Regel Dauerarbeitsplätze

---

51 Als Argument ließe sich einwenden, das habe mit einer ‚geistigen Behinderung'
zu tun. Dem kann jedoch entgegnet werden, daß keiner der Beschäftigten Schwierigkeiten hat, die richtige Uhrzeit zu erkennen oder mit Geld umzugehen.

52 In einigen der Arbeitsgruppen der Werkstatt stehen Spiele wie z.B. Tischfußball
herum, die bei Zeiten des Wartens auf Arbeit genutzt werden. Darüber hinaus gibt
es auch andere Formen des Zeitvertreibs, wie etwa das manchmal gemeinsame Aus-
dem-Fenster-Gucken, dem insbesondere Cm und Dm der Gruppe *Risiko* nachgehen.

sind[53], erwartet die Beschäftigten ein Arbeitsmarkt, der der gewohnten Sicherheiten und Fürsorglichkeiten entbehrt. Dort werden – neben sichtbaren Qualifikationsnachweisen – Handlungsformen erwartet, auf die der Sonderarbeitsmarkt die Beschäftigten nicht vorbereitet. Die genannte WfB-eigene Zeitstrukturierung wie auch die in der Gruppe *Risiko* deutlich gewordenen, wechselseitigen Handlungsbeschränkungen sind Beispiele für Prozesse der „Diskulturation" (Goffman 1973:76), die in Sonder-Institutionen stattfinden. Darüber hinaus dürfte die mit einer Beschäftigung in einer Institution ‚für Behinderte' einhergehende berufsbiographische Stigmatisierung die Aussicht auf ein individuelles Bestehen jenseits des Sonderarbeitsmarktes nicht eben verbessern.

---

53 Der prozentuale Anteil der Vermittlungen in Erwerbsarbeit des allgemeinen Arbeitsmarktes beläuft sich jährlich auf unter einem Prozent (vgl. BAG/WFB 1997).

8. Schlußfolgerungen für die Pädagogik

Abschließend soll diskutiert werden, in welche pädagogische Richtung die vorliegenden Forschungsergebnisse weisen. Dabei wird auf die sonderpädagogische Zielsetzung, die mit der Rehabilitationseinrichtung WfB verbunden ist, Bezug genommen und auf neuere, integrationspädagogische Ansätze eingegangen.

8.1 Sonderarbeitsmarkt: ‚Werkstätten für Behinderte'

Die WfB sind eine Einrichtung zur beruflichen Rehabilitation, d.h. zur Eingliederung der Beschäftigten in das Arbeitsleben (vgl. Kapitel 5). Zwischen dieser offiziellen Zielsetzung und dem, wie die Erforschten selbst ihre berufliche Situation verstehen, ist in der Untersuchung eine starke Diskrepanz deutlich geworden. Fremdbestimmung, Abhängigkeit, Unterbezahlung, ein gesellschaftlich niedriger Status, berufliche Ausgrenzung wie auch deren Zementierung durch fehlende berufliche Qualifikation werden von den Beschäftigten in unterschiedlicher Ausprägung wahrgenommen.

Die sonderpädagogische Zielvorstellung einer beruflichen Rehabilitation wird flankiert von derjenigen einer ‚sozialen Rehabilitation':

„Wir können feststellen, daß der Auftrag der Werkstatt für Behinderte zweigeteilt ist, nämlich in

– die berufliche Rehabilitation
– die soziale Rehabilitation.

Unter diesen Gesichtspunkten gewinnt die Persönlichkeitsförderung
Behinderter am Arbeitsplatz zunehmend an Bedeutung. Die Werkstatt für
Behinderte hat bisher immer mehr den Auftrag der sozialen Rehabilitation
erkannt und verschiedenartige Formen zur Durchführung gewählt. Es wer-
den im Rahmen der Werkstattarbeit Freizeiten für Behinderte angeboten,
Sportveranstaltungen sowie Bildungsmaßnahmen" (Füchsle 1988:4).

„Soziale Rehabilitation" meint also „Persönlichkeitsförderung".
Damit wird der über den WfB-Rahmen hinausgehende soziale Zusammenhang, auf den sich ja die Rehabilitation eigentlich beziehen
sollte, vollständig ausgeblendet; d.h., die *soziale* Rehabilitation wird
individualisiert. Wie die Ergebnisse der Untersuchung zeigen, werden soziale Ausgrenzungsprozesse jedoch massiv erlebt, durch
Fremdidentifikationen mit der Stigmagruppe der ‚Behinderten‘
oder der ‚Geistig Behinderten‘. Dies geschieht, wie deutlich wurde,
auch auf der Grundlage einer Zuordnung zu Sonderinstitutionen.
Die sogenannte soziale Rehabilitation findet, indem sie als „Persönlichkeitsförderung" umdefiniert wird, in einer *Ghettoisierung*
statt, womit soziale Ausgrenzungsprozesse wiederum befestigt werden. Darüber hinaus sind Maßnahmen zur sogenannten Persönlichkeitsförderung mit spezifischen Vorstellungen darüber verbunden, wie eine ‚geförderte Persönlichkeit‘ denn aussehen sollte. Dies
jedoch geht an der Perspektive der von solchen „Trimm-Dich-
Maßnahmen" (Lister/Heiler 1982) Betroffenen vorbei, die nur selten erforscht, geschweige denn bei der institutionellen Konzeption
berücksichtigt wird. Den Ergebnissen der Untersuchung zufolge,
ist die Perspektive der Beschäftigten offensichtlich von einer star-
ken Normalitätsorientierung geprägt, deren Handlungspotential
institutionellen Einschränkungen unterworfen ist. In diesem Zusammenhang muß auch die Hereinnahme des Lebensbereiches der
Freizeit in die Arbeitswelt skeptisch stimmen, in Anbetracht eines
damit verbundenen Prozesses der Totalisierung der Institution
(vgl. Goffman 1973).

Wie die Untersuchung zeigt, steht der Grad an Bedeutung der WfB für das Alltagsleben der Beschäftigten sowie deren Übernahme der institutionellen Perspektive in Wechselwirkung mit dem Grad an Handlungsmöglichkeiten inner- und außerhalb dieser Institution. In der sonderpädagogischen Literatur jedoch wird der strukturelle, d.h. institutionelle Zusammenhang überwiegend verkannt. Statt dessen wird die bereits weiter oben (Kapitel 2 bzw. 4) diskutierte Leitdifferenz zwischen ‚Behinderten' und ‚Nichtbehinderten' immer wieder neu postuliert und konstruiert. So legt bspw. Mühl dar, daß „der Einzelne, wie dies häufig berichtet wird, für die Arbeit in der Werkstatt hochmotiviert ist, weil sie für ihn in zentralerer Weise als für Nichtbehinderte das Leben bestimmt und viele Bedürfnisse befriedigt" (1991:113).

Die WfB reproduziert als berufliche Folgeeinrichtung einer schulischen Absonderung von Menschen, die normativen Leistungs- und Verhaltenserwartungen nicht entsprechen, verlaufskurvenartige Ausgrenzungsprozesse – analog zur Sonderschule (vgl. Eberwein 1995a).

Meines Erachtens kann diese Institution ihrem offiziellen Ziel einer beruflichen Rehabilitation ihrer Beschäftigten nicht gerecht werden, auch wenn im einzelnen das Engagement der Fachkräfte sowie des Trägers der jeweiligen Einrichtung hoch ausfallen mag. Dies liegt in den bereits dargelegten strukturellen Bedingungen der Institution begründet, wie auch darin, daß die Perspektive der Beschäftigten kaum berücksichtigt wird.

8.2 Supported Employment

Auf der Grundlage der Ergebnisse dieser Arbeit kann gesagt werden, daß die Perspektive der Erforschten geprägt ist von der Orientierung an Normalität und Handlungsautonomie, an Qualifikation, höherem beruflichen bzw. sozialen Status und sozialer Anerkennung. Mit dem aus den USA stammenden Modell des *Suppor-*

ted Employment sind Wege der Beschäftigung aufgezeigt, die m.E.
dieser Perspektive eher Rechnung tragen können als die WfB.

In Folge der Integrationsbewegung der 70er Jahre, entwickelte
sich in den USA in den 80er Jahren dieses Modell einer ‚unterstützten Beschäftigung' innerhalb des allgemeinen, d.h. des ersten Arbeitsmarktes. Es bezieht sich auf den Personenkreis von Menschen,
die als ‚geistig behindert' oder ‚schwerst-mehrfachbehindert' etc.
eingestuft werden, d.h. auf die hierzulande traditionell in einer
WfB Beschäftigten[54] (vgl. Perabo 1993). Insbesondere das – neben
drei weiteren Unter-Modellen – erprobte ‚Individuelle Betreuungs-
Modell' bietet Aussichten, stabile Arbeitsverhältnisse in Betrieben
des allgemeinen Arbeitsmarktes zu etablieren (vgl. Schartmann
1995). Nach diesem Modell ist ein Betreuer, ein sogenannter „Job
Coach" (organisiert über einen Fachdienst), für einen Beschäftigten zuständig:

„Dieser Job Coach (…) sucht einen den Fähigkeiten und Neigungen des behinderten Menschen entsprechenden Arbeitsplatz auf dem ersten Arbeitsmarkt aus, arbeitet den behinderten Menschen an seinem neuen
Arbeitsplatz ein und begleitet ihn dort so lange, wie es zur Stabilisierung des
Arbeitsverhältnisses notwendig ist. Dann reduziert er laufend die Betreu-
ungszeit für seinen Klienten, so daß idealerweise nach dieser Einarbei-
tungszeit der geistig behinderte Mensch an seinem Arbeitsplatz selbständig
und ohne Hilfe des Job Coaches arbeiten kann" (a.a.O.:60)

Begleitstudien entsprechender Projekte zufolge gelingt es, die Be-
treuungszeit durch den *Job Coach* allmählich zu reduzieren (Tendenz: unter 10% der Arbeitszeit, a.a.O.:61). Die in diesen Arbeitsverhältnissen Beschäftigten sind Arbeitnehmer, erhalten einen
Lohn, der weit über dem Entgelt einer WfB liegt, und arbeiten mit
sogenannten ‚Nichtbehinderten' zusammen (a.a.O.:71).

Seit den 90er Jahren hat man auch in Deutschland begonnen,
das Modell des *Supported Employment* zu diskutieren (vgl. Perabo

---

54 Auch in den USA dominierte vor Etablierung dieses Modells eine der WfB adäquate Institution (vgl. Schartmann 1995:56).

1993; Schartmann 1995). Erste, daran angelehnte Modellversuche sind bereits ins Leben gerufen worden, so die *Hamburger Arbeitsassistenz* (vgl. Zimmermann 1995:12) oder das wissenschaftlich begleitete *Hessische Projekt beruflicher Integration* (vgl. Jacobs 1994). Darüber hinaus sind in Deutschland vereinzelt Integrationsprojekte *unabhängig* von dem amerikanischen Modell des *Supported Employment* entstanden – Projekte, die jedoch in weiten Zügen diesem Konzept entsprechen: so die bereits in den 70er Jahren (!) ins Leben gerufenen und Anfang der 90er Jahre von der Universität Tübingen wissenschaftlich begleiteten Eingliederungsinitiativen in Baden-Württemberg (vgl. Trost 1994).

Solche vereinzelten Modellversuche sollten m.E. ausgeweitet werden, jedoch nicht ohne sie kritisch zu reflektieren. Dabei kommt nicht nur den Rahmenbedingungen (arbeits- und sozialrechtliche Fragen, berufliche Qualifikation, Entlohnung, Mitbestimmung etc.)[55] besondere Aufmerksamkeit zu, sondern insbesondere der Perspektive der Beschäftigten mit der Zuschreibung ,(geistige) Behinderung'. Ihre Erfahrungen im Arbeitsalltag, ihre Orientierungen und Handlungspotentiale gilt es, in Zukunft verstärkt zu erforschen und sie bei der Planung und (Weiter-)Entwicklung beruflicher Beschäftigungsmöglichkeiten innerhalb des ersten Arbeitsmarktes mit einzubeziehen.

---

55 Schartmann (1995) meldet neben vehementer Befürwortung dieses Modells auch berechtigte Kritik bezüglich arbeitsrechtlicher und anderer Fragen an.

9. Anhang

9.1 Ausgangsfragestellung und Nachfragen

A) Ausgangsfrage:
Ihr arbeitet ja hier in der Werkstatt. Wie ist das denn so für Euch hier? Könnt Ihr mal erzählen, wie Ihr das hier in der Werkstatt erlebt?
Unterfrage:
Wie war das denn so, als Ihr in die Werkstatt kamt?
B) Nachfragen
Sie werden im einzelnen nur dann gestellt, wenn das jeweilige Thema nicht bereits von der Gruppe aufgegriffen wurde:
Wie wohnt Ihr denn so?
(Zu Hause bei den Eltern): Wohnt Ihr gerne dort? Wie ist das denn so mit den Eltern?
(Wohngruppe oder alleine): Wie war das denn für Euch, als Ihr von der Familie weggezogen seid? Was hat sich da für Euch so verändert?
Wie verbringt Ihr Eure Freizeit, so abends und am Wochenende?
Wie ist das denn so mit den Frauen/Männern?
Wollt Ihr mal heiraten und Kinder haben?
Wie seht Ihr so die Zukunft, wenn Ihr in die Zukunft schaut? Was habt ihr für Vorstellungen, was Ihr später mal so machen werdet und wie es mal sein wird für Euch?
Habt Ihr denn schon so Leute erlebt, die was gegen Behinderte haben?

Wie kommt Ihr mit Leuten zurecht, die älter sind als Ihr seid?

9.2 Beispiel für die Interpretation einer Textpassage

Gruppe: Money, Passage: Zukunft (Fokussierungsmetapher)

```
5    Y:    Und wie seht Ihr so die Zukunft? Wenn Ihr in die Zukunft
6
7    Cm:                                    ⌊ thh
8
9    Y:    schaut, was habt Ihr so für Vorstellungen, was Ihr so
10
11   Am:                                 ⌊ So wie wir den Staat jetzt
12
13   Y:    was Ihr so machen wollt oder machen werdet und was wie's so
14
15   Am:   haben, wi-
16
17   Y:    sein wird.
18
19   Am:            ⌊ Na, so wie der Staat aussieht, (.) gloob ick gloob
20
21   Y:                                             ⌊ na soo
22
23   Am:   ick der der Staat ehhm würde würde würde uns jar ni ehhh
24         apzeptiern. (.) Gloob ick jedenfalls; dat uns der Staat ni
25         apzeptiert. (2) Weill (7) ((Luftholen)) jetz (wolln) wer jaa
26         Lohnerhöhung kriegen und so (10) na m
27
28   Y:                             ⌊ mhm    ⌊ Wie seht Ihr des?
29
30   Bm:                                        ⌊ Ick?
31
32   Cm:                                                    ⌊
33         phhh
34
35   Bm:     ⌊ Em sagen wer mal, wir werden underbezahlt.
36
37   Y:                                       ⌊ Wie bitte?
38
39   Bm:                                            ⌊ Wir
40         wern underbezahlt.
41
42   Y:                      ⌊ mhm (3)
43
44   Bm:                      ⌊ Und die ham hier vierzig
45         Prozent ge-kürzt weil nich so viel Aufträge sind
46
```

```
47  Y:                                                              └ mhm
48
49  Bm:   ((Name)) und ((Name))
50
51  Cm:                              └ hmm
52
53  Bm:                                     └ In der ZG-Allee
54        verdienste mehr; bis zum
55
56  Cm:                                       └ Da mußte arbeiten; da krieste Geld
57
58  Bm:                                              └ Da mußte arbeiten
59        bis de umfällt
60
61  Am:        └ (Grad ni) bis ZG-Allee Mensch!
62
63  Cm:                                               └ Wieso denn?
64
65  Bm:                                         └ NA ICK HAB ENE
66
67  Am:                                           └ Wieso denn.
68
69  Bm:   DIE VERDIENT FAST TAUSEND MARK IM MONAT SELBER (.) phhh
70
71  Cm:                   └ Da kriest           └ Ja da kriese
72        Arbeit Junge, da kriese nachher ne Menge da kriese ne Menge
73        Geld
74
75  Bm:         └ Die arbeitet in ner (.) Ma-schine und die macht jeden
76        Tag (2) jeden je-jee-den Tag mehr als wie de kieken kannst.
77
78  Cm:                                  └ Da kriese det da kriese
79        det GELD ALTER! (2) Haste bald zu (       )
80
81  Bm:                         └ Ick mu- ick mußte manchma drei
82        Arbeiten in de ZG-Allee machen. (.) Emal verpacken, emal
83
84  Am:                                          └ Weeßte
85
86  Bm:   Transport und
87
88  Am:   wat de mit tausend Mark anfangen kannst, Helmut?
89
90  Cm:                                           └ Wohl wat Schönet
91        koofen!
92
93  Bm:        └ Tja aber dafür mußte von den tausend Mark Deine
94
95  Am:                                            └ Jaa.
96
97  Bm:   Miete und so be- selber bezahlen
98
99  Cm:                └ Deine Mie- Deine Miete mußte ooh noch zahlen.
100
101 Am:                                           └ Jaa.
```

```
102
103  Cm:    ja.
104
105  Bm:      L Kriest nich mehr em von Sozialamt zu;
106
107  Am:                           L Weeßte watde mit Zwanzigtausend
108         anfängst? (2)
109
110  Bm:                   L Jaa; ne schöne Weltreise
111
112  Am:                       L Weeßte watte w-weeßte weeßte watte
113
114  Cm:                                           L Ma ick
115
116  Am:    Jaa, er weeß det! (      ja)
117
118  Bm:             L (Lachen)
119
120  Cm:    erstma (3) ick ma erstma ne schöne Reise (.) uff (zumindest)
121         nach Paris oder Afrika (mit            )
122
123  Am:                                           L Naa des
124         haste vor-jesagt; ich wollts ja von (Helmut) wissen
125
126  Bm:    L Ne Weltreise
127
128  Cm:                       L Oder Australien fährste hin
129         Jung
130
131  Bm:    L oder Australien (nei) ne Weltreise!
132
133  Am:    Nich weiler weiler weiler damals nich wußte, weiler damals nich wußte
134         wat er mit zwanzigtausend Mark anfangen wollte.
135
136  Bm:                                           L Weeßt Du denn
137         watde mit zwanzigtausend Mark anfangen sollst?
138
139  Am:                           L (Na-türlich!) (.) Würd
140
141  Bm:                               L Ja in Pu-
142
143  Am:    mir erstmal würd ick erstmal einrichten. Würd ick mir erstmal
144
145  Bm:    in                    L inen Puff geben.
146
147  Am:    einrichten. (1) Erstma neu einrichten. (.) ne ehn nn die weiße
148
149  Cm:          L Och Gott.
150
151  Am:    Tapete runter, und denn ne schöne bunte ran. (.) n-n-
152
153  Cm:                               L Und denn ne
154         Goldtapete; (lacht kurz)
155
156  Am:                       L bunte ran. (.) oder Maler besorjen.
```

```
157         (.) von von det Jeld, (.) von zwanzigtausend, (.) für'd
158
159  Cm:                    └ (Hörbares Luftholen)
160
161  Am:  viertausend Mark die ha- viertausendfünfhundert Mark (.)
162
163  Cm:                               └ Kannste kannste Akte koofen.
164
165  Am:  kostet dette.
166
167  Bm:                    └ Em kommt drauf an wieviel Quak-dratmeter dit
168       sind.
169
170  Cm:      └ Stimmt.
171
172  Am:               └ Najaa kommt druff an, (.) wenn man (die) samaa
173       samal samaal (.) achttausend denn; oder so. (.) Achttausend
174
175                           └ ((fortwährendes Klappern mit
176       Stift))
177
178  Am:  laß ick mir noch jefallen. (1) Achttausend und det andere (.)
179       würd ick erstma naa- (.) würd ick mer uff de Seite (.) packen,
180       und und (.) @eh vermehrn lassen,@ (2) und soso ehh (.)
181
182  Cm:      └ (lacht)
183
184  Am:  naja so fünftausend Mark oder so, (3) fünftausend Mark
185       würd ick mir vermehrn lassen, (1) zinsen lassen oder so. (4)
186
187  Y:                                                     └
188       mhm (6)
189
190  Am:      └ Ick hab schon Träume. ((lacht)) Det sin Träume.
191
192  Bm:                         └ mh (1) mhh          └ mmh
193
194  Y:                              └ ((lacht))
195
196  Cm:                                              └ Wer
197       hat die nischt? (1)
198
199  Am:                   └ Die träum ick jede Nacht von! A ick krr-
200       weeßte ick kiek mer keen Film an ja, (.) ick kiek mer keen
201       Film an; san- sagma, ick träum immer von von (1) vonn ehh (1)
202       en schönet Leben. (.) Alsoo (.) ehhh reich sein, und und
203
204  Bm:                         └ (gemütlich)
205
206  Cm:                                                 └
207       ((lacht))
208
209  Am:  dicket ver- dicket dicken Auto fahrn und
210
211  Cm:                              └ en dicken Mercedes,
```

```
212        die teuer sin ((zischt))
213
214  Am:          ∟ und en Swimmingpool haben, und davon träum ick
215
216  Y:                                                        ∟
217        mhm
218
219  Cm:                                                       ∟
220        ((lacht))
221
222  Bm:       ∟ Dann kannst ja glei en Hotel uffmachen Am ((lacht))
223
224  Am:                                        ∟ ((lacht))
225        Hotel ha ick auch schon geträumt!
226
227  Cm:                             ∟ Siehste
228
229  Bm:                                ∟ En eigenen
230        Hotel ja.
231
232  Cm:          ∟ Siehste (an was für      )
233
234  Am:                         ∟ Jaa! (3) (doll) (2) hab schon
235        geträumt; ((trinkt)) aber det kommt nich in Erfüllung. Geht ni
236        in Erfüllung.
237
238  Cm:              ∟ Scheiße. (3)
239
240  Am:                      ∟ Dazu hamse (den) dazu sind die
241        Wege soo (2) so verbaut. (2) Der Staat will det jarni (.) dat
242        man selbständig wird, ssind se schon so viele selbständi-
243        ((Geräusch mit dem Mund))
244
245  Cm:                       ∟ Und gleich spucken, wie en Lama.
246        ((lacht, macht Am's Geräusche übertrieben nach))
247
248  Am:                                  ∟ Machen die (.)
249        machen die Spritzen. (1) Weil ich soviele (1) Speichel habe.
250
251  Cm:                ∟ ((flüstert:)) Scheiße.
252
253  Y:                                                     ∟
254        mhm
```

Formulierende Interpretation

Oberthema: Aussichtslose Entlohnung

5-26 Nichtakzeptanz durch den Staat

Y stellt eine ausführliche Frage nach der Zukunft. Am setzt dieses Thema in Bezug zu einer angenommenen Nichtakzeptanz seitens des „Staates". Die Nichtakzeptanz bezieht sich auf die konjunktive Erfahrungsgemeinschaft („uns") und spiegelt sich in einem als zu niedrig eingestuften Lohn bzw. der „jetzt" dagegen ankämpfenden Forderung nach Lohnerhöhung wider.

28-51 Unterbezahlung und Lohnkürzung aufgrund von Auftrags-flaute

Nach einer längeren Pause stellt Y eine Frage nach der Perspektive der anderen Teilnehmer am Diskurs, die Bm nach Vergewisserung, ob er damit angesprochen ist, beantwortet. Er konstatiert eine Unterbezahlung und eine erhebliche Lohnkürzung, „weil nich so viel Aufträge" sind. Die Namensnennung könnte sich auf einen Auftraggeber oder die Entscheidungsträger für Lohnfragen innerhalb der WfB beziehen.

53-86 Höherer Verdienst und mehr Arbeitsaufträge in einer anderen WfB

In einer anderen WfB liegen die Entlohnung sowie die Arbeitsanforderungen höher, wie Bm aus Berichten einer Bekannten sowie aus Eigenerfahrung unter Bestätigung durch Cm erläutert. Der Mehrverdienst steht in Zusammenhang mit einer höheren Arbeitsleistung, die an die Grenzen (58-59/75-76) körperlicher Belastungsfähigkeit geht. An Aufträgen mangelt es dort nicht (81-86). Am stellt den Vorzug des Arbeitens in dieser WfB in Frage (61/67).

83-105 Mehrverdienst führt zur Streichung der Sozialhilfe

Die durch Am an Cm gerichtete Frage, was er mit dem (in der genannten WfB zu erzielenden) Geldbetrag „anfangen kann", wird
zunächst mit Erwerb von Konsumgütern beantwortet. Bm verweist
auf die mit dem höheren Lohn gleichzeitig entstehende Verpflich-
tung, Kosten, die sonst das Sozialamt trägt, wie die Miete, dann
„selber bezahlen" zu müssen.

Oberthema: Hypothetische Handlungsentwürfe auf der Grundlage
fiktiv hoher Geldsummen und ihr Bezug zur Realität

107-134 Ideen zur Verwendung hoher Geldsummen

Am wiederholt die Frage nach der Verwendung von Geld, nun mit
einer 20fachen Steigerung des Betrags. Die durch Bm in Interaktion mit Cm genannten Möglichkeiten wären: eine Reise ins Aus-
land, zu anderen Kontinenten, eine Weltreise (120f./126). Am
kommentiert einerseits bestätigend. Andererseits bewertet er Cms
Redebeitrag als Nachsprechen von Bms zuvor geäußerter Idee einer
Weltreise. Er verweist dabei auf ein früheres Gespräch mit gleicher
Thematik, in dem Cm „nich wußte wat er mit zwanzigtausend
Mark anfangen wollte".

136-185 Verbesserung der Wohnverhältnisse und Geldanlage

Am erläutert nach Gegenfrage in Interaktion mit Bm und Cm seine
hypothetischen Pläne der Geldverwendung: Neueinrichtung und
professionelle Renovierung der eigenen Wohnung sowie „erstma"
eine Geldanlage zur Erzielung eines Mehrwertes (179-185). Bm
und Cm nennen parallel dazu eine Inanspruchnahme sexueller
Dienstleistung als weitere Alternativen der Geldverwendung (141/
145/163). In Interaktion mit Bm schätzt Am die Realkosten einer
Renovierung und legt eine Maximalausgabe fest.

188-232 Träume von einem schönen Leben

Die gemachten Ausführungen werden von Am als immer wieder-
kehrende (199/201) „Träume" identifiziert. Damit sind sowohl
Träume, die in der Nacht auftreten, wie auch ganz allgemein
Wunschvorstellungen gemeint. Das Träumen erhält die Qualität
des Filmeerlebens und macht dieses überflüssig. Das Thema der
Träume ist „schönet Leben", d.h. für Am Reichtum sowie „dicken
Auto fahrn und en Swimmingpool haben". In Interaktion mit Bm
wird die Möglichkeit des Betreibens eines Hotels mit einbezogen.

234-255 Die Realität: verbaute Wege

Da die „Wege soo (2) verbaut" sind, können die Träume nicht „in
Erfüllung" gehen. Die Verwirklichung der Träume würde ein Selbständigwerden bedeuten, das „der Staat" nicht will, denn: „ssind se
schon so viele selbständi-". Am bricht seine Ausführung vorzeitig
aufgrund von Speichelfluß ab, der, wie erläutert wird, eine Neben-
wirkung der ihm verabreichten Spritzen ist. Cm assoziiert dieses
Verhalten karikierend mit dem eines Lamas (245).

Reflektierende Interpretation

*5-26 Themeninitiierende Fragestellung durch Y, Proposition[56] durch
Am*

Y stellt eine Frage nach der Zukunft, indem sie ausführlich (5-17)
die Spannbreite passiv-aktiv, von Erwartung bis Handlungsent-
wurf, aufrollt. Diese Fragestellung hat viele Wiederholungen und
wird trotz Ratifikation des Themas seitens Am (11) durch Y rigo-
ros fortgeführt. Am unterbricht seinen Redebeitrag und reformu-
liert diesen nach kurzer Redepause durch Y, wobei erneut von Y
durch einen einschränkenden Markierer: „na soo" auf den Propo-
sitionsgehalt (ohne Erfolg) Einfluß zu nehmen gesucht wird. Unter
mehrfacher Standpunktmarkierung (19/24) verweist Am zunächst

---

56 Zu den formalen Begriffen der Diskursorganisation vgl. Kapitel 3.

auf die Gesamtgesellschaft der Gegenwart und nimmt (im Kontext
der Fragestellung) ein Scheitern von Umsetzungsversuchen mögli-
cher Handlungsentwürfe vorweg: „der Staat (...) würde uns", also
die Gruppe der Beschäftigten der WfB, der Am sich zurechnet, „jar
ni ehhh apzeptieren". Die syntaktische Unvollständigkeit dieses
Satzes (24) ist eine Widerspiegelung der Proposition: Da vom personalisiert erscheinenden „Staat" generell keine Akzeptanz erwartet wird, erübrigt sich die Formulierung von Handlungsentwürfen,
scheint ihre Umsetzung doch zum Scheitern verurteilt. Die Wiederholung der Formulierung in Gegenwartsform betont diese Proposition. Im Folgenden konkretisiert Am: Die ‚Nichtakzeptanz'
zeigt sich in der Unterbezahlung der Beschäftigten, die eine Forderung nach Lohnerhöhung nötig macht, als Voraussetzung, um
Handlungsentwürfe mit Chancen auf Realisierung überhaupt entwickeln zu können.

*28-40 Fragestellung durch Y in Aushandlung der weiteren Diskursor-
ganisation mit Bm und Cm, Anschlußproposition durch Bm*

Nach langer Pause greift Y mit der an die andern beiden
Diskussionsteilnehmer gerichteten vagen Frage in den zu erlahmen
drohenden Diskursverlauf ein. Die erneute Frage durch Y ist insofern offen, als unklar bleibt, was Y mit „des" meint: die Zukunft,
die (Nicht-)Akzeptanz durch den Staat oder die Lohnerhöhung.
Die Anschlußproposition knüpft an das Thema *Lohnerhöhung/
Nichtakzeptanz* an, Bm evaluiert in Pluralform – quasi als Sprecher
der Betroffenen – die Lohnverhältnisse als Unterbezahlung.

44-59 Anschlußproposition durch Bm in Interaktion mit Cm

In Fortführung des Themas *Unterbezahlung* erläutert Bm die Hintergründe: eine 40prozentige Kürzung des Lohn, die im Zuge eines
Auftragsmangels die Beschäftigten der WfB trifft. Die für die Lohnkürzung Verantwortlichen werden zunächst generalisierend und
distanzierend mit „die" (44) bezeichnet, abschließend jedoch offensichtlich benannt (49). Dabei bleibt unklar, auf wen sich die Na-

men beziehen: auf die Repräsentanten der Institution oder auf die Auftraggeber.

Mit dem Vergleich der Arbeitsbedingungen einer anderen WfB rückt die Gruppe hier Möglichkeiten der Veränderung der beruflichen Situation ins Blickfeld. In der anderen WfB wird ein höherer Verdienst geboten, der in Bezug gesetzt wird zu einem Arbeiten „bis de umfällt", also einem Extrem an Leistungsanforderungen, womit die positive Auftragslage unterstrichen wird.

61-86 Antithese durch Am in Interaktion mit Cm, Elaboration der Proposition (Exemplifizierung) durch Bm in Interaktion mit Cm

Die durch Am geäußerte Antithese (61) gegenüber dem als positiv dargestellten Vergleich der genannten WfB erscheint zunächst als rahmeninkongruent. Der weitere Verlauf verdeutlicht jedoch ihren differenzierenden Gehalt. Die Äußerung treibt den Diskurs dieser Passage zu einem ersten dramaturgischen Höhepunkt. Offensichtlich ist ein zentrales Thema der Gruppe angesprochen. Der kontrastive Vergleich wird nun mit Beispielen belegt und metaphorisch beschrieben an Hand der (vermittelten) Erfahrung einer Bekannten, die sozusagen Teil der Maschine wird (75) und „je-jee-den Tag mehr (macht) als wie de kieken kannst". Diese Extremleistung wird „nachher" mit „ne Menge Geld" vergütet, d.h. mit „fast tausend Mark" Eigenverdienst. Einen weiteren Bezugspunkt bietet Bms eigene Erfahrung. Bm war dort früher einmal tätig und „mußte manchma drei Arbeiten" machen, was quasi in maximalem Kontrast zur aktuellen Auftragsflaute in *Netzwerk* steht.

Den Rahmenkomponenten eines negativen Gegenhorizontes ‚Unterbezahlung' bzw. ‚Auftragsmangel' und ‚Nichtakzeptanz' werden die Komponenten ‚hoher Eigenverdienst' sowie (daran gebunden) ‚gute Auftragslage' bzw. ‚hohe Leistungsbereitschaft, die sich (ent)lohnt', gegenübergestellt. Die Auseinandersetzung mit den Lohn- und Arbeitsverhältnissen wird in dieser Gruppe innerhalb des institutionellen Rahmens der WfB geführt, im Gegensatz zu Bm der Gruppe *Risiko*, der mit einer Orientierung an einem „nor-

malen Job" einen Vergleichshorizont außerhalb des vorgegebenen
institutionellen Rahmens der WfB heranzieht.

*84-105 Durch Fragestellung initiierte Differenzierung der Proposition
durch Am in Interaktion mit Cm und Bm*

Der (dem herangezogenen Lohn in der Vergleichswerkstatt ent-
sprechende) Geldbetrag von „tausend Mark" könnte für Konsum-
güter (90f.) verwendet werden. Doch der Mehrverdienst führt dazu, daß man („du" generalisierend gebraucht) „Miete und so selber
bezahlen" muß, d.h. daß Unterstützungsleistungen für die Befrie-
digung von Grundbedürfnissen durch das Sozialamt wegfallen.
Der Mehrverdienst erhöht also nicht die zur freien Verfügung stehende Geldsumme. Damit wird der Sinn eines theoretisch durchgespielten Wechsels zu einer anderen WfB bzw. die zusätzlich zu
leistenden Anstrengungen zur Verbesserung des Gehalts ad absurdum geführt. D.h., die Vergleichswerkstatt mit ihren höheren
Leistungsanforderungen kann damit nicht Komponenten eines positiven Gegenhorizont repräsentieren, was Am in den Zeilen 61/67
bereits antithetisch zum Ausdruck gebracht hat. Indem die Gruppe
den Mehrverdienst in Bezug zu dessen Realwert setzt, zeigt sie auf,
daß an diese Komponenten ein Sinn gebunden ist. Es geht darum,
mit dem Mehrverdienst auch etwas „anfangen" zu können, und
das heißt für die Gruppe eine Verbesserung der persönlichen Lebensverhältnisse, größere Handlungs- und Gestaltungsfreiräume
zu erreichen. Die Gruppe nimmt hier eine ähnliche Perspektive wie
Sozialhilfeempfänger ein, die abwägen, ob sich für sie reale
Verbesserungschancen durch Veränderungen in bezug auf eine Beschäftigung auftun.
Mit dem Vergleich einer anderen WfB geht die Gruppe *Money* im
Gegensatz zur Gruppe *Risiko* über das engere institutionelle Geflecht des Trägers hinaus. Sie verbleibt jedoch, was die in Betracht
gezogene Enaktierungsmöglichkeit angeht, innerhalb des vorgegebenen institutionellen WfB-Rahmens, obgleich sie sich ähnlich kritisch mit der eigenen Entlohnung auseinandersetzt wie Bm der

Gruppe *Risiko*, der einen ‚normalen Job' auf dem allgemeinen Arbeitsmarkt als Zukunftsperspektive anpeilt.

*107-134 Fragestellung durch Am, interaktive Elaboration der Propo-
sition durch Bm und Cm, Metakommunikation durch Am*

Die vermutlich an Cm gerichtete Frage erkundet Ideen oder
Wunschvorstellungen bezogen auf die Verwendung von – gemes-
sen am Verdienst – irreal hohen Geldsummen. Gemeinsam spielen
Bm und Cm die auf das Erleben von Fremdem gerichtete Möglichkeit durch, mit dem Geld Fernreisen zu unternehmen. Das ‚Wissen, etwas mit Geld anzufangen' erhält hier die Qualität einer persönlichen Fähigkeit, die einer positiven (116) bzw. negativen (123/
4) Validierung seitens Am unterworfen wird. Der Orientie-
rungskomponente des ‚Sich-Auskennens' wird das (Cm unterstell-
te) ‚Nachplappern' von Ideen anderer, also ein Mangel individuel-
ler Phantasie, und damit implizit das gedankliche Verhaftetbleiben
in alltäglichen Gegebenheiten bzw. Vorgegebenem gegenübergestellt. Dieses theoretische Durchspielen von Handlungsmöglichkeiten hat offensichtlich eine gewisse Relevanz für die
Gruppe, die die gleiche Frage bereits früher verhandelt hatte (133).

*136-188 An Am adressierte Frage von Bm, interaktive Elaboration
durch Am, Bm und Cm*

Wenngleich die Bearbeitung der Frage einer sinnvollen Verwendung von zwanzigtausend Mark fiktiven Charakter hat, geht es offensichtlich um den Bezug zur Realität, und zwar zur Realität jenseits der durch die WfB bzw. den Sonderarbeitsmarkt gesetzten
Bedingungen mit entsprechend geringer Entlohnung und einem
Status als Sozialhilfeempfänger. Es wird mit der erneuten Frage
und dem weiteren Verlauf deutlich, daß die Gruppe wechselseitig
die soziale Fähigkeit testet, ein ‚normales' Leben handlungspraktisch meistern zu können, und sich wechselseitig demonstriert, die sich mit finanziellen Mitteln eröffnenden Handlungspotentiale zu erkennen und realistisch einzuschätzen. Exemplarisch

werden weitere Verwendungsmöglichkeiten genannt, die an
(klein)bürgerlichem Leben orientiert sind wie: die Wohnung „neu
einrichten", Inanspruchnahme von handwerklichen Dienstleistungen („Maler besorjen") sowie eine zukunftsorientierte Kapitalanlage, die quasi die Verfügbarkeit von (zusätzlichen) Geldmitteln zumindest zu einem gewissen Grad aufrechterhält, und damit weitere
Handlungsmöglichkeiten erschließt. Phantasie, Kalkulation und
ein Planungshorizont in Sachen Finanzen werden hier als Formen
eines ‚Sich-Auskennens' bzw. einer Normalitätsorientierung über
den Bezugsrahmen sonderpädagogischer Institutionen hinaus demonstriert. Sie bilden Komponenten des positiven Gegenhorizontes.

Die geringe alltagspraktische Relevanz dieser theoretischen Erörterung findet jedoch abschließend ihren Ausdruck in dem Leerlauf,
in die die Ausführungen von Am einmünden (185-188).

190-232 Anschlußproposition durch Am, Elaboration der Proposition
in Interaktion mit Bm und Cm, Konklusion durch Am

Validierend wird der fiktive Charakter der Ausführungen unterstrichen, es handelt sich um „Träume". Das ‚Träume-Haben' erhält erneut die Bedeutung einer persönlichen Fähigkeit. Die folgende Ge-
neralisierung dieser Fähigkeit durch Cm (196/197) zieht eine
weitere Elaboration der Bedeutsamkeit der Träume von Am nach
sich. Diese zeichnen sich durch Permanenz (199) und eine dem Fil-
mesehen adäquate Erlebensqualität (200/201) aus. Die herausgearbeiteten Inhalte des Traumthemas „schönet Leben" beziehen sich auf materiellen Wohlstand, der für andere – klischeehaft –
durch Symbole wie „dicken Auto", „Swimmingpool" sichtbar wird
und in einer Existenz als Betreiber eines Hotels, d.h. als Selbständi-
ger (s.o. Kapitalanlage) kulminiert.

234-255 Konklusion durch Am, Metakommunikation durch Cm, an Y adressierte Metakommunikation durch Am

Das hypothetische Durchspielen von Handlungspotentialen, die sich mit der Verfügbarkeit von finanziellen Mitteln eröffnen, liegt im Bereich des Träumens, „geht ni in Erfüllung", ist also vom eigenen Handeln nicht beeinflußbar. „Dazu hamse (den) dazu sind die Wege soo (2) verbaut", wie Am auf eine Verlaufskurvenentwicklung, die bis in die Gegenwart hineinragt, als Grund für die Unerreichbarkeit der diskutierten Vorstellungen hinweist. Die Gestalt der Passage schließt sich, Am kommt nun wieder auf den „Staat" zu sprechen, der Komponenten eines negativen Gegenhorizontes – wenn auch hier auf abstrakter Ebene – repräsentiert: Dazu gehört das Beengt- und Beschränktwerden bzw. die Ablehnung, „dat man selbständig wird", wobei „man" sich generalisierend auf jene Gruppe(n) bezieht, der Am sich, wie schon in der Eingangsproposition, zurechnet, also den Beschäftigten des Sonderarbeitsmarktes. *Selbständigkeit* ist dabei zu verstehen im Sinne von autonomer Lebensführung, von Gestaltungsfreiräumen – und zwar jenseits der WfB – als Komponenten eines positiven Gegenhorizontes.

Im Vergleich zur Gruppe *Risiko*, deren Diskurs bei dem gleichen Ausgangsthema quasi in eine Alltags-Gegenwartsbeschreibung bzw. in eine Diskussion von Risiken im Bereich des Arbeitsalltages auf ‚Mikroebene' mündete, vollzieht sich der Diskurs der Gruppe *Money* genau in einer Gegenbewegung. Die Gruppe verläßt allmählich die Ebene der Alltagsrealität, indem sie nach einem Vergleich mit der Normalität einer anderen WfB, die Normalität (klein)bürgerlichen Lebens heranzieht, diese jedoch in Richtung einer unerreichbaren Fiktion („Swimmingpool") wieder verläßt. Allerdings besteht eine Ähnlichkeit in dem Fazit, das die Gruppen jeweils ziehen: ‚Selbständigwerden wird nicht zugelassen' (Gruppe *Money*) / ‚ist zu riskant' (Gruppe *Risiko*). Eine Zukunftsperspektive, die handlungsleitende, über den Status Quo hinausgehende Orientierungen beinhaltet, ist bei beiden Gruppen – bis auf Bm der

Gruppe *Risiko* – kaum auffindbar, wenn man von der Forderung
nach Lohnerhöhung absieht.

Am muß aufgrund von übermäßigem Speichelfluß die Konklusion, die er gerade formuliert, abbrechen[57]. Der Kommentar von
Cm, der Ams Verhalten karikierend mit einem Lama vergleicht,
könnte als Dokument entweder einer Vertrautheit oder eines Stig-
matisierungsprozesses innerhalb der Gruppe gedeutet werden.
Eine Deutung erhält Validität nur durch die in der wechselseitigen
Bezugnahme sich dokumentierende Deutung seitens der Gruppe
bzw. des jeweiligen Adressaten einer Äußerung. In dieser Sequenz
gibt es keinen Hinweis darauf, daß Cms Äußerung und dessen ka-
rikierende Reproduktion des faux pas von Am stigmatisierend aufgefaßt wird. Am wendet sich vielmehr an die Interviewerin, d.h.
antizipiert eine Fremdperspektive und kommuniziert offen über
Hintergründe des potentiell stigmatisierenden Kontrollverlustes,
der durch den Abbruch der Konklusion offensichtlich wird, indem
er auf die ihm verabreichte Medikamenteneinnahme verweist (Psychopharmaka in Form von „Spritzen"). Damit ist die Schärfe des
Stigmatisierungseffektes genommen. Diese Sequenz unterstreicht
erneut die Normalitätsorientierung der Gruppe.

---

57 Dies ist auf dem Tonband hörbar.

10. Literatur

Bach, Heinz (1985): Grundbegriffe der Behindertenpädagogik. In: Bleidick, Ulrich (Hrsg.): Handbuch der Sonderpädagogik, Bd. 1: Theorie der Behindertenpädagogik. Berlin; S. 3-24

BAG/WfB – Bundesarbeitsgemeinschaft Werkstätten für Behinderte (Hrsg.) (1997): Werkstatt Dialog, Heft 1: S. 16-24

Bischoff, Harald/Rathgeber, Richard (1987): Behinderte in Ausbildung und Beruf. Ein Wegweiser (nicht nur) für Behinderte. München

Bleidick, Ulrich (1977): Pädagogische Theorien der Behinderung und ihre Verknüpfung. In: Zeitschrift für Heilpädagogik, 28. Jg., Heft 4: S. 207-229

Ders. (1978): Pädagogik der Behinderten. Grundzüge einer Theorie der Erziehung behinderter Kinder und Jugendlicher. Berlin

Ders./Hagemeister, Ursula (1992): Einführung in die Behindertenpädagogik, Band I: Allgemeine Theorie der Behindertenpädagogik. Stuttgart, Berlin, Köln, 4. Auflage

Bohnsack, Ralf (1989): Generation, Milieu und Geschlecht. Ergebnisse aus Gruppendiskussionen mit Jugendlichen. Opladen

Ders. (1993): Rekonstruktive Sozialforschung. Einführung in Methodologie und Praxis qualitativer Forschung. Opladen

Ders. (1997a): Dokumentarische Methode. In: Hitzler, Ronald/Honer, Anne (Hrsg.): Sozialwissenschaftliche Hermeneutik. Eine Einführung. Opladen; S. 191-212

Ders. (1997b): Gruppendiskussionsverfahren und Milieuforschung. In: Friebertshäuser, Barbara/Prengel, Annedore (Hrsg.): Handbuch der Qualitativen Forschungsmethoden in der Erziehungswissenschaft. Weinheim, München; S. 492-502

Ders. (1998): Reflexive Prinzipien der Initiierung und Leitung von Gruppendiskussionen. (Unveröff. Manuskr.)

Ders./Loos, Peter/Schäffer, Burkhard/Städtler, Klaus/Wild, Bodo (1995): Die Suche nach Gemeinsamkeit und die Gewalt der Gruppe. Hooligans, Musikgruppen und andere Jugendcliquen. Opladen

Bürli, Alois (1991): Besondere Erziehungsbedürfnisse? Gedanken aus Anlaß des Kongresses in Cardiff (Wales). In: Zeitschrift für Heilpädagogik, 42. Jg., Heft 3: S. 205-208

Cloerkes, Günther (1997): Soziologie der Behinderten. Eine Einführung. Heidelberg

David, Sabine/Storm, Helga (1985): Wohngruppen für Behinderte. Betreute Wohngruppen für körperlich und geistig Behinderte. Ergebnisse eines von 1980-1982 an der FU Berlin durchgeführten praxisbezogenen Projekts im Rahmen der Berlin-Forschung. Bonn

Dietz, Rudolf (1986): Ist die WfB eine humane Einrichtung? In: Behinderten-Zeitschrift, 23. Jg., Heft 4: S. 60-64

Dober, Bernhard/Hennig, Heinz (1980): Zum Sozialverhalten debiler Jungerwachsener. In: Psychiatrie, Neurologie und Medizinische Psychologie, 32. Jg., Heft 2: S. 87-91

Eberwein, Hans (1985): Fremdverstehen sozialer Randgruppen/ Behinderter und die Rekonstruktion ihrer Alltagswelt mit Methoden qualitativer und ethnographischer Feldforschung. In: Sonderpädagogik, 15. Jg., Heft 3: S. 97-106

Ders. (1995a): Kritische Analyse des Behinderungsbegriffs. Konsequenzen für das Selbstverständnis von Sonder- und Integrationspädagogik. In: Behinderte in Familie, Schule und Gesellschaft, 18. Jg., Heft 1: S. 5-12

Ders. (1995b): Zur Revision der bisherigen sonderpädagogischen Theoriebildung. In: Die Sonderschule, 40. Jg., Heft 6: S. 436-448

Ders./Köhler, Klaus (1984): Ethnomethodologische Forschungsmethoden in der Sonder- und Sozialpädagogik. In: Zeitschrift für Pädagogik, 30. Jg., Heft 3: S. 363-380

Friske, Andrea (1995): Als Frau geistig behindert sein. Ansätze zu frauenorientiertem heilpädagogischen Handeln. München

Füchsle, Martin (1988): Die Persönlichkeitsförderung der Behinderten am Arbeitsplatz in Werkstätten für Behinderte. In: Berufliche Eingliederung Behinderter, 1988, Heft 3: S. 4-5

Garfinkel, Harold (1973): Das Alltagswissen über soziale und innerhalb sozialer Strukturen. In: Arbeitsgruppe Bielefelder Soziologen (Hrsg.): Alltagswissen, Interaktion und gesellschaftliche Wirklichkeit, Band 1. Reinbek bei Hamburg; S. 189-210

Ders./Sacks, Harvey (1976): Über formale Strukturen praktischer Handlungen. In: Sack, Fritz/Schenkein, Jim (Hrsg.): Ethnomethodologie – Beiträge zu einer Soziologie des Alltagshandelns. Frankfurt am Main; S. 130-176

Goffman, Erving (1973): Asyle. Über die soziale Situation psychiatrischer Patienten und anderer Insassen. Frankfurt am Main

Ders. (1975): Stigma. Über Techniken der Bewältigung beschädigter Identität. Frankfurt am Main

Goodwin, Charles (1979): The Interactive Construction of a Sentence in Natural Conversation. In: Psathas, George (ed.): Everyday Language. Studies in Ethnomethodology. New York; S. 97-122

Günther, Peter (1987): Weg mit den Werkstätten! In: Zusammen, 7. Jg., Heft 9: S. 20

Gumperz, John J. (1992): Contextualization Revisited. In: Auer, Peter/Luzio, Aldo di (ed.): The Contextualization of Language. Amsterdam, Philadelphia; S. 39-53

Hahn, Martin Th. (1992): Überlegungen zum Auftrag der WfB bei Menschen mit schwerer geistiger Behinderung. In: Zur Orientierung, 16. Jg., Heft 3: S. 5-7

Heese, Gerhard/Solarová, Svetluse (1973): Behinderung und soziale Devianz. In: Bärsch, Walter (Hrsg.): Behinderte – inmitten oder am Rande der Gesellschaft. Berlin; S. 25-60

Hildebrandt, Jürgen (1984): Spezifische Probleme der Werkstatt für Behinderte. In: Zeitschrift für Heilpädagogik, 35. Jg., Heft 3: S. 190-196

Hildenbrand, Bruno (1984): Methodik der Einzelfallstudie, Kurseinheit 1. Studienbrief der Fernuniversität Hagen. Hagen

Hofmann, Christiane/Maurer, Petra/Rivera, Bettina (1993): Versuch, mit geistig behinderten Frauen ins Gespräch zu kommen. In: Geistige Behinderung, 32. Jg., Heft 2: S. 99-115

Jacobs, Kurt (1994): Berufliche Integration von Menschen mit Behinderungen. In: Die Sonderschule, 39. Jg., Heft 2: S. 118-126

Laga, Gerd (1982): Methodologische und methodische Probleme bei der Befragung geistig Behinderter. In: Heinze, Rolf G./Runde, Peter (Hrsg.): Lebensbedingungen Behinderter im Sozialstaat. Opladen; S. 223-239

Laga, Gerd/Salig, Andreas (1993): Zur Problematik der Mitbestimmung Behinderter in der WfB. In: Sonderpädagogik, 23. Jg., Heft 3: S. 156-160

Lindmeier, Christian (1993): Behinderung – Phänomen oder Faktum? Bad Heilbrunn

Lister, Barbara/Heiler, Hans (1982): Behinderung kennt keine Grenzen. In: Heinze, Rolf G./Runde, Peter (Hrsg.): Lebensbedingungen Behinderter im Sozialstaat. Opladen; S. 60-78

Mangold, Werner (1973): Gruppendiskussionen. In: Handbuch der empirischen Sozialforschung, Band 2. Frankfurt am Main; S. 228-259

Mannheim, Karl (1952): Ideologie und Utopie. Frankfurt am Main

Ders. (1964): Beiträge zur Theorie der Weltanschauungs-Interpretation. In: Ders.: Wissenssoziologie. Neuwied; S. 91-154

Ders. (1980): Strukturen des Denkens (hrsg. von Kettler, David/Meja, Volker/Stehr, Nico). Frankfurt am Main

Möckel, Andreas (1973): Sonderpädagogik und allgemeine Pädagogik. Zu: Ulrich Bleidicks Pädagogik der Behinderten. In:
Zeitschrift für Pädagogik, 19. Jg., Heft 6: S. 1013-1018

Ders. (1982): Arbeit am Behinderten? – Die Barbarei beginnt mit
der Sprache. In: Schmidtke, Hans Peter (Hrsg.): Sonderpädagogik und Sozialpädagogik. Heidelberg; S. 27-37

Mühl, Heinz (1991): Einführung in die Geistigbehindertenpädagogik. Stuttgart u.a.O.

Neuhäuser, Gerhard/Hentschel, Michael/Rueschoff, Josef/Schiff-
mann, Jan Holger (1986): Geistige Behinderung und Sexualität.
Ergebnisse einer Befragung. In: Geistige Behinderung, 25. Jg.,
Heft 3: S. 184-193

Nohl, Arnd-Michael (1996): Jugend in der Migration. Türkische
Banden und Cliquen in empirischer Analyse. Baltmannsweiler

Palmowski, Winfried (1997): Behinderung ist eine Kategorie des
Beobachters. In: Sonderpädagogik, 27. Jg., Heft 3: S. 147-157

Perabo, Christa (1993): Neue Ansätze der Integration von behinderten Menschen in den Vereinigten Staaten von Amerika. In:
Behindertenpädagogik, 32. Jg., Heft 4: S. 338-371

Pixa-Kettner, Ursula/Bargfrede, Stefanie/Blanken, Ingrid (1995):
Elternschaft von Menschen mit geistiger Behinderung. Doku-
mentation einer Fachtagung am 9. und 10. März 1995 in der
Universität Bremen. Bremen

Reisbeck, Clemens A. (1992): Bauen und Wohnen für schwer geistig und körperlich Behinderte. Diss. Universität Bern.

Rüb, Herbert/Runde, Peter (1987): Gutachten über Erfahrungen
und Perspektiven alternativer Beschäftigungsmöglichkeiten für
Schwerbehinderte außerhalb der Werkstätten für Behinderte.
Hamburg

Sacks, Harvey (1995): Lectures on Conversation. Volume II.
Oxford UK, Cambridge USA

Ders./Schegloff, Emanuel A./Jefferson, Gail (1978): A Simplest
Systematics for the Organization of Turn Taking for Conversa-

tion. In: Schenkein, Jim (ed.): Studies in the Organization of Conversational Interaction. New York; S. 7-55

Schartmann, Dieter (1995): Supported Employment in den USA. Ein Literaturbericht. In: Behindertenpädagogik, 34. Jg., Heft 1: S. 54-80

Schatz, Günther/ Genenger, Marianne/ Stotz, Eberhard (1981): Familien mit geistig behinderten Jugendlichen und Erwachsenen. In: Zeitschrift für Heilpädagogik, 32. Jg., Heft 2: S. 149-154

Schmidt-Thimme, Dorothea (1971): Freizeitgestaltung und Freizeiterziehung. – Ein Problem der Behindertenhilfe von Aktualität und Dringlichkeit. In: Lebenshilfe, 1971, Heft 4: S. 193-201

Schütze, Fritz (1983): Biographieforschung und narratives Interview. In: Neue Praxis, 13. Jg., Heft 3: S. 283-293

Seifert, Monika-Marita (1996): Lebensqualität für Erwachsene mit schwerer geistiger Behinderung in Wohneinrichtungen. Diss. Freie Universität Berlin

Speck, Otto (1982): Ansätze einer Erwachsenenbildung bei geistiger Behinderung. In: Geistige Behinderung, 21. Jg., Heft 2: S. 66-78

Ders. (1987): System Heilpädagogik. Eine ökologisch-reflexive Grundlegung. München, Basel

Steinert, Heinz (1985): Zur Materialität der Etikettierungstheorie. In: Kriminologisches Journal, 17. Jg., Heft 1: S. 29-43

Streeck, Jürgen (1983): Konversationsanalyse. Ein Reparaturversuch. In: Zeitschrift für Sprachwissenschaft, 2. Jg., Heft 1: S. 72-104

Thimm, Walter (1975): Behinderung als Stigma, Überlegungen zu einer Paradigma-Alternative. In: Sonderpädagogik, 5. Jg., Heft 4: S. 149-157

Ders. (1979): Zur Handlungsrelevanz von Behinderungsbegriffen. In: Sonderpädagogik, 9. Jg., Heft 4: S. 169-175

Trost, Rainer (1994): „Unterstützte Beschäftigungsverhältnisse" für Menschen mit geistiger Behinderung. Ein Forschungsprojekt zur beruflichen Integration von Menschen mit geistiger Behinderung auf dem Arbeitsmarkt. In: Gemeinsam leben, 2. Jg., Heft 3: S. 104-110

Walter, Joachim/Hoyler-Herrmann, Annerose (1987): Erwachsensein und Sexualität in der Lebenswirklichkeit geistigbehinderter Menschen. Biographische Interviews. Heidelberg

Wendeler, Jürgen (1992): Geistige Behinderung. Normalisierung und soziale Abhängigkeit. Heidelberg

Wilken, Udo (1985): Humanes Leben, Wohnen und Arbeiten geistig behinderter Menschen. In: Geistige Behinderung, 24. Jg., Heft 1: S. 37-48

Willand, Hartmut/Schwedes, Renate (1980): Materialien zur Problematik der Freizeitgestaltung Geistigbehinderter. In: Zeitschrift für Heilpädagogik, 31. Jg., Heft 4: S. 216-227

Zimmermann, Horst (1995): Niedersachsens (Um)Wege zur Arbeitsassistenz. Auf der Suche nach Alternativen zur Werkstatt für Behinderte. In: Gemeinsam leben, 3. Jg., Heft 1: S. 11-13

Zink, Klaus J./Schubert, Hans-Joachim (Hrsg.) (1994): Werkstätten für Behinderte im Wandel. Organisatorische, personelle und technische Veränderungen in Behindertenwerkstätten. Neuwied u.a.O.